Italy

義大利史

西方文化的智庫

林立樹　著

三民書局

國家圖書館出版品預行編目資料

義大利史：西方文化的智庫／林立樹著.－－初版二
刷.－－臺北市：三民，2015
　　面；　　公分.－－(國別史叢書)
　　參考書目：面
　　ISBN 978－957－14－4778－0　(平裝)

　　1.歷史 2.義大利

745.1   97013887

© 　義大利史
　　　　──西方文化的智庫

著 作 人	林立樹
發 行 人	劉振強
著作財產權人	三民書局股份有限公司
發 行 所	三民書局股份有限公司
	地址　臺北市復興北路386號
	電話　(02)25006600
	郵撥帳號　0009998－5
門 市 部	(復北店)臺北市復興北路386號
	(重南店)臺北市重慶南路一段61號
出版日期	初版一刷　2008年11月
	初版二刷　2015年9月
編　　　號	S 740570

行政院新聞局登記證局版臺業字第○二○○號

有著作權·不准侵害

ISBN　978-957-14-4778-0　(平裝)

自　序

　　翻閱西方人類活動記載，可以看到三條發展軌跡：河流、海、洋。河流孕育了人類四大古文明：兩河流域（底格里斯河與幼發拉底河）的肥沃月彎文化（蘇美、巴比倫、亞述等）、尼羅河的埃及文化、印度河的印度文化、黃河的中國文化；兩大海域誕生了兩大文明：愛琴海的希臘文化、地中海的羅馬文化；兩大洋激勵了近代資本主義文化：大西洋的西班牙、葡萄牙、荷蘭、英國；太平洋的美國。義大利位於地中海與歐陸交會處，早年受惠海域之便，發展為一強國。十五世紀大西洋海運開通之後，義大利即步入衰途。

　　翻閱義大利歷史有一股命運弄人的感覺，統一前與統一後大不相同，統一前儘管各自為政，但義大利仍有其魅力，統一後卻好景不再，命乎？運乎？隨著時序更迭，歲月播遷，地中海風雲不再，曾幾何時，義大利由雄霸四方的強權轉變成自求多福的國家。儘管時不我予，有志難伸，但義大利人仍風情萬種，義大利的飛雅特汽車、歌劇魅影、流行服飾、室內設計，皆獲得青睞。午夜夢迴之際，憶及羅馬豪情英姿、文藝復興義大利美景，點滴在心頭。如果說世界文明的重心為西方，西方文明的啟蒙就在義大利。由早期羅馬帝國威震四方所建立的政治體制，到基督宗教拯救世人所傳佈的基督理念，由文藝復興時期弘揚人文精神，到今日品牌格調所塑造的時尚文化，皆開風氣之先，為人類文明遺產留下可貴的一頁，譽之為西方文化的智庫，實至名歸。

　　本書所撰義大利史，由統一前的義大利，進入統一後的義大利。嚴格說來，1861 年以前所說的義大利只是地理名稱，不具有歷史意義，既無義大利國，也無義大利人，只有義大利地區的羅馬人、佛羅倫斯人、米蘭人等。1861 年宣佈建國後，獲得歷史定位，有了義大利國，

也有了義大利人。統一前的義大利地區主要的活動記錄以羅馬（西元前700年至476年）為起點，如同旭日東升一般，羅馬在軍事與政治上表現，無論是對外征戰、法律制定、公共建設等都耀眼奪目，留下豐富的篇章。羅馬馳騁西方上古歷史近千年，帝國老大，舊制無法面對新局，加上北方日耳曼族入侵，東西羅馬分治，位於義大利半島的西羅馬政權於476年終結，東羅馬在君士坦丁堡再持續千年，至1453年為土耳其人所攻佔。日耳曼族入侵義大利半島後，中樞無主，教宗心餘力絀，地方勢盛，群雄逐鹿，烏雲蔽天。至十五世紀，歐洲社會形態轉變，海運興起，義大利半島得地利之便，商業發達，中產階級抬頭，僭主得勢，統治者為建立威信，鞏固政權，拉攏人心，宏揚古典，掀起文藝復興運動，為近代人類文明奠定「人文」精神基礎。十六世紀歐洲基督宗教異議人士挑戰教宗權力，爆發宗教改革運動，義大利成為眾矢之的，政治情勢日益嚴峻。法國拿破崙勢起，征服了義大利，為時短暫，但卻為義大利帶來「收復失土」(Risorgimento)，即統一的啟示。待拿破崙失勢之後，義大利有志之士即捐棄己見，積極展開統一大業。1861年宣佈建國，1870年統一，1871年遷都羅馬，義大利國誕生。

統一建國後的義大利政治版圖及政治名分已然確定，但歷史的包袱，加上地理環境的差異，義大利人民之間仍以效忠地方為主，重視地方事務。另方面羅馬教宗堅持擁有所在地的精神與實質領導權，使得1871年的義大利處境較之前更為艱難。1871至1920年間統治者無不殫精竭慮為調和地域之見而努力，但理論終究無法解決實質的困難，自由主義理想無法應對現實貧富差異以及貧窮問題。在人民普遍期待之下，社會主義及法西斯先後成為重要的派系，影響統一大業走入更複雜的局面。在外交方面，其複雜性更甚於內政。義大利半島伸入地中海域，與北非相鄰，是歐洲大國南下，英國東行發展必經之地，自古以來即成為兵家必爭之地。統一後的義大利主要威脅來自西北方的法國以及東北方的奧國。義大利採遠交近攻方式，拉攏德國，以牽制

兩國，不過德國與奧國相鄰，因此僅願意聯合對抗法國。1914 年第一次世界大戰爆發，義大利為三國軸心一分子（還有德國與奧國），但在德、法衝突時保持中立，未參戰。1915 年協約國（英、法、俄）開始爭取義大利，允予巴爾幹半島上一些奧國控制的土地。義大利在利誘之下，背棄同盟，加入協約國一方對德、奧作戰。戰後義大利未能如願，國家發展陷入困境，法西斯因應而出。墨索里尼以恢復羅馬光榮為志業，但事與願違，他參加第二次世界大戰，兵敗身亡。二次大戰後義大利人政爭不斷，忽左忽右，1960 年代繁榮再現，但未幾，又陷入困境，從此義大利人對政治的熱度消減，轉而重視生活內容。

　　再造羅馬榮景，重振國威是義大利人衷心的盼望，但長期分治加上南北處境差異，北富南貧，使得義大利問題叢生，墨索里尼行徑雖為歷史所不齒，但義大利人卻念茲在茲。義大利人的夢想，義大利人的志業，雖尚未如願，但義大利的生命哲學卻豐富了現代人的心靈。歌劇、電影、服裝設計、室內裝潢、飲食、美酒開創了多元文化的新面向，品牌文化成為現代人的生活指標。從義大利的現代史可以感受到不同於英、美人士的生命目標，它不是政治的，也不是經濟的，而是文化的、生活的喜悅。

林立樹

義大利史
西方文化的智庫

目　次

自　序

Italy

第 I 篇
義大利的建國史

圖 1：義大利地圖

第一章
地理與人文概況

　　義大利 (Italy) 一詞最早指的是義大利半島南部的居民，有關其起源地，迄今不明，可能是希臘人所稱的「牛群之地」(land of cattle calves or veal)。西元前一世紀，義大利出現鑄造 Italia 字樣的硬幣，至羅馬帝國奧古斯都時期，義大利地區的部族結合在「義大利」之下，成為帝國的中心。西羅馬帝國滅亡之後，倫巴人 (Lombard) 入侵，義大利成為各邦國對內或對外的「共同名號」(collective name)。嚴格說來，這段時期的「義大利」並不是一個國家名號，只能作為一個地理概念或一個歷史名稱。直至 1861 年建國之後，才有今日的義大利。

　　從歷史的進展面來看，義大利的版圖，與時變遷。統一之前，係依統治者的治理範圍以及各部族的佔據情形來劃分其領土，統一後的義大利版圖位在東經七度至十八度，北緯四十七度至三十八度間，面積約三十萬一千多平方公里。半島位於地中海中心，呈馬靴形，北方為波河河谷 (Po valley) 及阿爾卑斯山脈 (Alps)，與法國、瑞士、奧國、斯洛維尼亞等接壤，山北陡峭，不易進入；山南平坦，易於入侵，方便西歐強權南下騷擾，使得義大利統治者必須經常面對外力的侵略。亞平寧山脈 (Apennine Mountain) 貫穿整個半島，東側為亞德里亞海 (Adriatic Sea)，西側有拉丁姆平原 (plain of Latium) 及坎帕尼亞

(Campania) 平原。半島南端外海有西西里島，與非洲北部相臨，西側外海有科西嘉 (Corsica) 與薩丁尼亞 (Sardinia) 兩大島。大體說來，義大利地理可以分為北南兩面，北部地區地形平坦，受惠波河水利，土地肥沃，宜人居住；南部地區，受亞平寧山脈影響，河流短促，水流湍急，不宜農耕，以致產生義大利北部富裕，南部貧困的失衡狀態。

氣候屬地中海型，冬季多雨，夏季乾燥，河流短促，水量稀少。由於地形關係，活動範圍多偏重在西區，與伊比利半島接觸較多，與希臘往來較少。義大利南北之差異可以藉由作家巴齊尼 (Luigi Barzini) 的一句話窺豹一斑：「南部的人賺錢為了做官，北部的人做官為了賺錢」。北部以工業生產為主，社會進步，南部以農業生產為主，社會保守、腐敗、貧窮，民不聊生。1914 年之前由義大利移民北美地區的人口即超過五百萬。近年來雖然外移人口減少，但南部人口流失、社會落後，以及南北差距的情形仍非常嚴重。

早期在義大利半島活動的人，並不稱為義大利人，他們聚居或出於地理的認同、宗教的認同或文化的認同，但絕不是國家的認同。比較為人提及的有羅馬人、哥德人、倫巴人、希臘人、基督徒等等，一直到 1861 年之後才有今日的義大利人。從歷史的編年時序來看，早在舊石器時代、新石器時代即有人類在義大利地區活動，他們以部落方式群居。詳細確實的情形並不清楚，只能依考古學家所發現的遺址、器物以及傳言，作一推論。根據歷史記載，最早在義大利地區活動的族群中，較明確的有：在義大利北方及中部的伊特拉斯坎人 (Etruscan)、南方的迦太基人 (Carthage)❶、希臘人、西

❶迦太基是腓尼基文化的支派。腓尼基 (Phoenicia) 立國於敘利亞，為一商業民族，主要是經營國際貿易，在各地設商站和移民點。迦太基就是他們最大的貿易據點，位於義大利南面的北非海岸。

班牙人、諾曼（第）人以及分佈全境的拉丁人、羅馬人以及說印歐語 (Indo-European Languages)❷的翁布里亞人 (Umbrian)、挨魁人 (Aequi)、薩賓人 (Sabine)、伏爾西人 (Volsci)、薩謨奈人 (Samnite)、高盧人 (Gaul) 等。

統一後的義大利人民中，很少有人自認為是義大利人，反而多以出生地為準，認為自己是皮埃蒙特人、托斯卡尼人、威尼斯人或西西里人等，他們將不同出生地的人視為外國人。義大利人始終面對著政局不穩、外力干預不斷的環境，因此在個性上培養出「處變不驚」(arrangiarsi) 的性格，常以「上有政策，下有對策」的態度來面對國事。

義大利人口，據 2005 年義大利本身的統計資料顯示，共有 58,057,477 人，在西歐僅次於德意志聯邦共和國，而人口密度，則次於荷蘭、比利時、德意志聯邦共和國，並且屬於歐洲四大強國之一（其餘三國為英國、法國、德國）。國內人口以義大利人為主，其他少數族群包括德國人、斯洛維尼亞人、阿爾巴尼亞人。官方語言為義大利語，個別地區講法語、德語。宗教信仰以羅馬天主教為主。

義大利語是歐洲拉丁語系中最純正的拉丁語。但丁的文學作品影響後世深遠，而因其帶有托斯卡尼腔調，所以今天最正式的義大利拉丁語亦是夾帶托斯卡尼腔的拉丁語。義大利語抑揚頓挫，聲調起伏多變。據說，神聖羅馬皇帝查理五世 (Charles V, 1500～1558 年) 以西班牙語和上帝對話，以法語和男人對話，以德語和馬對話，以義大利語和女人對話，因為義大利語能表達細緻的想法與感覺。義大利語雖然和其他歐洲語言一樣精確，但用在新聞報導、藝術評論、政治演講時則顯得誇

❷印歐語發源於今日東歐匈牙利、羅馬尼亞，到烏克蘭一帶，以後向四處傳播，西及西歐，南下義大利、希臘，東過歐亞大陸進入伊朗、中亞、印度。

張、矯情。目前義大利除了官方語言外,有一千五百種方言,這些方言只限於當地鄉鎮溝通,外人無從了解。由於曾被外人統治,因此有許多外來語。老一輩人仍通行方言,年輕一代則少講方言。

全國劃分為二十個行政區(皮埃蒙特 [Piedmont]、奧斯塔谷地 [Valle d'Aosta]、倫巴底 [Lombardy]、特倫提諾—阿托阿第及 [Trentino-Alto Adige]、維內托 [Veneto]、弗留利—威尼斯朱利亞 [Friuli-Venezia Giulia]、利古里亞 [Liguria]、艾米利亞—羅馬涅 [Emilia-Romagna]、托斯卡尼 [Tuscany]、翁布里亞 [Umbria]、拉齊奧 [Lazio]、馬爾凱 [Marche]、阿布魯佐 [Abruzzo]、莫利塞 [Molise]、坎帕尼亞 [Campania]、普利亞 [Puglia]、巴西里卡塔 [Basilicata]、卡拉布里亞 [Calabria]、西西里 [Sicily]、薩丁尼亞 [Sardinia])、103 省、8,088 個市(鎮),以羅馬城為首府,主要大都會有:米蘭 (Milan)、那不勒斯 (Naples)、杜林 (Turin)。政治採共和體制,經濟活動以旅遊、機械、鋼鐵、化學、食品加工、紡織、汽車為主。

現代義大利人對政治的態度是外熱內冷。他們熱衷選舉,勝過歐洲其他許多國家,但對政治的感受卻恰恰相反。他們普遍認為「政治是齷齪的」,「天下烏鴉一般黑」,這也許是受到 1990 年代政治醜聞及政府貪瀆事件的影響。在百姓的心目中,政治只是政客的事務,各黨派沒有什麼兩樣。義大利人對國家的看法依然是疑慮重重,他們不認為靠意識型態或抽象原則可以解決問題,即便是左派分子也不相信意識型態可以解決問題。義大利人堅信,徒託空言不如身體力行,要改善現況端賴行動。

義大利人強調個人主義,不重視社會責任,但熱愛家庭、家族與家鄉,少小離家,名成利就,則衣錦榮歸。他們渴望強人領導,特別是在企業界的領袖,此人要有一張意志堅強、威權十足的臉,以及撼動人心的聲音,這也是為什麼右派團體能得勢的原因。基於長久以來教會的制約以及威權的管理,義大利人變得比較不太守秩序,特別是搭車、辦事都不排隊。

　　義大利人十分自我，這表現在他們衣著、鞋子、領帶、美麗的編織、汽車，以及各式各樣的服裝上，其中汽車最能代表義大利人的民族性。義大利前總理古里歐‧安德歐提 (Giulio Andreotti) 曾說道：「義大利沒有天使，也沒有惡魔，只有罪人」。在這個天主教社會中，原罪的觀念普遍被接受，只有通過悔過才能被赦免，甚至犯法也是一樣。

　　義大利人離婚、墮胎是合法的，人工避孕很普遍，由於梵蒂岡 (Vatican) 的獨身主義，影響義大利成為歐洲出生率較低的國家。根據最新調查顯示，義大利人中有 85% 自稱為天主教徒，但僅有四分之一的人定期參加彌撒。不過，天主教儀式仍主導了義大利人的生活，由出生至死亡。在歐洲人眼中，義大利面對重重問題，應對無方，但對義大利人而言，這一切並不重要，生命不是為了工作與進步，而是要活下去。他們追求個人主義，雖然生活缺乏短程效益，但卻有持久的歡愉，隨意吃吃、走走、看看，充分享受人生。

第二章
羅馬統治時期

　　義大利史以羅馬篇章為起始，它的表現最精彩，最動人。義大利人素以羅馬的成就自傲，羅馬人的豐功偉業在西方文化中被大書特書，不僅代表了義大利人的精神，也是西方人的重要遺產，更是各強權統一天下的依據，其影響迄今猶存。

　　羅馬人驕傲之處表現在締建帝國，它是繼馬其頓王國亞歷山大大帝（Alexander the Great，西元前 356～前 323 年）之後，第二個雄霸歐、亞、非三洲的帝國。其共和政治制度、帝國的政治組織皆為西方的體制奠基，而羅馬法中的自然法精神更為後人所效法，條條道路通羅馬則突顯了羅馬人的建設及野心。羅馬人早期信仰多神，但在帝國後期接受基督宗教，並以國教待之，基督精神在羅馬帝國皇帝的支持之下，成為西方文化的精神支柱。此外，羅馬的藝術、建築，尤其是拉丁文學，皆是後人學習的對象，因此羅馬不只是存在而已，它是每一位存在者的記憶篇章，是人類共同的驕傲。

第一節　歷史變遷

　　羅馬史起自西元前 753 年羅馬城的建造，終於 1453 年君士坦丁堡

被土耳其人攻陷，歷時長達 2,206 年，國祚長久，史蹟斑斑，引人興趣。對其悠久的歷史過程，史家將之分為西羅馬與東羅馬兩個時期探討。西羅馬由西元前 753 年至西元 476 年羅馬皇帝遭日耳曼人驅逐下臺為止，共長達 1,228 年，東羅馬則延續至 1453 年。本書專論義大利，故東羅馬部分僅限於與義大利相關部分。西羅馬歷史發展主要分為共和與帝國兩個階段，再細分為共和前期（西元前 509～前 133 年）、共和後期（西元前 133～前 27 年）、帝國前期（西元前 27～180 年）、帝國後期（180～476 年）。茲分別說明如下：

一、羅馬統治前

在羅馬人征服義大利半島之前，在該地活動的居民為地中海民族，西元前 2000 年左右，新的民族出現，包括羅馬人、拉丁人以及說印歐語的民族。西元前 1000 年左右，東方的民族開始移民義大利，希臘民族進入義大利南部以及西西里一帶定居，將此地建立為「大希臘」地區；腓尼基人佔有西西里島及薩丁尼亞島；伊特拉斯坎人盤踞北部地區，在義大利建立了最早的國家，對羅馬文化產生重大影響力。一般論及義大利史，多由伊特拉斯坎人說起。

根據文獻考證，伊特拉斯坎人並非印歐語系民族，希臘學者希羅多德 (Herodotus) 認為他們來自希臘以外更遠的小亞細亞地區，亦有學者認為他們是義大利北方原住民，或者是這兩種族群的融合。他們大約在西元前十二世紀至西元前九到八世紀抵義大利中部，由義大利西海岸往北到波河平原，南下到那不勒斯灣 (Bay of Naples)。伊特拉斯坎人於西元前八世紀至前六世紀末在義大利地區建有十二個城邦 (city-states)，組成同盟 (confederation)，一度掌控地中海，但不久即受挫於西西里島的希臘人。

伊特拉斯坎文化對羅馬文化有相當重要的影響，他們所供奉的神明為羅馬人所接受。戰爭及農業之神瓦洛 (Varro) 地位最高，祭祀時以供奉的肝臟及觀解鳥飛的途徑和光線作為預言的依據。政治領袖為祭

圖 2：伊特拉斯坎年輕人飲酒作樂的景象

司國王 (priest-king)，十二城邦早先在沃西里 (Volsinii) 聚會，進行對波爾塔納神 (Boltumna) 的祭典，以後有了共同政治目標後，乃發展為政治同盟。

國王所用的權杖，拉丁文稱為「法西斯」(Fasces)，由國王隨從持拿，以後為羅馬人沿用，但將持拿國王權杖的隨從改稱力古特 (lictors)。此外，他們所穿的白羊袍 (toga)、拱形與圓頂建築設計，亦傳給羅馬人。

伊特拉斯坎人居住的地區富礦砂，他們發展貿易，西元前五世紀即與腓尼基人、迦太基人、希臘人，特別是西西里島的希臘人展開貿易，從而與西西里島的統治者發生戰爭。西元前 474 年伊特拉斯坎人的艦隊在古摩 (Cume) 被羅馬人擊潰，從此政治勢力衰弱。西元前 353 年同盟的塔爾奎尼亞 (Tarquinia) 邦國又與羅馬人發生衝突，伊特拉斯坎各邦均遭波及，先後淪陷，成為羅馬盟邦。伊特拉斯坎人除了投票權外，也享有羅馬人所有的權利。西元前 310 年至前 283 年伊特拉斯坎人的軍隊屢遭羅馬人圍勦，政治勢力不再，加上受到高盧人及迦太基人的侵犯，人口流失，農民生活悽慘，被迫為奴，靠羅馬人的施捨度日。

二、羅馬統治

羅馬人為印歐民族的一支，大約於西元前 2000 年至前 1000 年左右在義大利中部臺伯河 (Tiber River) 下游的拉丁姆平原 (plain of Latium) 活動。西元前 753 年他們在巴拉丁 (Palatin) 山丘建造了羅馬城，被視為羅馬崛起的年代。有關羅馬城的建造，傳說是義大利地區有位國王的女兒遭戰神馬爾斯 (Mars) 強暴，生下一對雙胞胎：羅慕路斯 (Romulus) 及雷慕斯 (Remus)。國王盛怒之下，將他們丟棄在臺伯河中，卻被一隻母狼救起，將其撫養長大，之後他們建造了羅馬城。還有的說法是：羅慕路斯的祖先依尼亞士 (Aeneas)，據說是希臘特洛伊 (Trojan) 的後人，於特洛伊戰敗後，轉赴拉丁姆平原安居，成為羅馬人的祖先。有關這種說法，一般以為是希臘人杜撰，以期拉攏羅馬與希臘的關係。比較可信的說法是：西元前八世紀左右，散居在臺伯河流域拉丁姆平原上的拉丁人與臨近的一些小部落如薩賓 (Sabini) 等，聯合建立了一個公共集會的廣場 (Forum)，因而促成了羅馬的誕生。

羅馬崛起之後，曾經臣屬於伊特拉斯坎人的統治，學者將這段歷

圖 3：羅馬城的建造者羅慕路斯及雷慕斯

史視為王政時期（西元前 753～前 509 年），其實應是伊特拉斯坎人與羅馬人共治時期，因為最後一位被推翻的國王是伊特拉斯坎人。此時期歷經七位國王，政治組織類似希臘的城邦國家 (city-states)，各城邦體制不一，有君主制 (monarchy)、寡頭制 (oligarchy)、民主制 (democracy) 以及羅馬皇帝的獨裁制 (dictatorship)。國王握有軍事及行政大權，由武士組成的大會推選產生，向由貴族組成的元老院 (Senate) 負責。元老屬於貴族階級 (patrician)，依附貴族階級的小農、工匠、隨從等則構成平民階級 (plebeians or commoners)。

(一)共和時期

西元前 509 年，貴族推翻伊特拉斯坎人的國王塔古尼斯（Targuin the Proud 即 Tarquinius Superbus），建立貴族政體，開啟了羅馬共和時期 (Republic)，從西元前 509 年至前 27 年，以西元前 133 年為界，分為前後兩期。

1.共和前期

羅馬共和前期由西元前 509 年至前 133 年，也就是由推翻伊特拉斯坎人統治到征服伊比利半島為止。共和前期政體的發展與其向外擴張息息相關。在這四百年之中，羅馬由一個城邦擴展到征服四鄰，統一義大利半島，成為地中海強權，並向海外殖民。羅馬原為小城邦，四鄰強權覬覦，北方有伊特拉斯坎人，南方有希臘人與腓尼基人，此外還有眾多部落散佈於高山一帶，為了鞏固國防安全，採攘外安內方式。西元前 509 年首先驅逐伊特拉斯坎人，再與拉丁姆平原的其他拉丁部落組成拉丁防禦同盟 (Latin League)，至西元前四世紀初，成為義大利中部的強權。西元前 387 年，來自中歐地區的塞爾特人（羅馬人稱為高盧人）入侵，焚毀羅馬城，蹂躪長達數月，並勒索大筆贖金之後離去。羅馬人飽受苦難、驚嚇之餘，開始重建羅馬城，以石牆護衛，並重整軍容，採用伊特拉斯坎人及希臘人的作戰隊形，將過去以長矛排成的方陣隊形改為一百二十人的步兵中隊，以輕矛武器替代過去的重矛，機動力大增，使得羅馬在以後的八百年間，得以順利作戰。西

元前 367 年後開始對付拉丁同盟，利用分化方式，各個擊破，與盤據山地的塞尼阿姆 (Samnium) 部落發生三次重大戰役，西元前 290 年降服塞尼特人，成為義大利中部的霸主。此後開始南征，討伐希臘殖民城市塔雷托姆 (Tarentum)，至西元前 270 年，確立在南義大利的地位。

羅馬完成義大利半島統一之後，隨即面對被征服者的認同問題。為獲得戰敗者的效忠，羅馬善待被征服者，既未屠殺亦未加以奴役。要求被征服的國家與羅馬締約結盟，接受羅馬外交政策，提供羅馬軍隊兵士，不需納貢，保有自己的地方政府。羅馬兼併了五分之一征服的土地，建立了三十個殖民地。此外，羅馬將其人民分為享有完整公民權及沒有選舉權的公民權兩類，第一類是地理上和文化上最接近羅馬地區的人，第二類是文化上比較遠離羅馬傳統的城邦，但對第二類公民羅馬人訂有一個同化期，各族群經過不同時間後可獲得完整的公民權。

半島統一完成後，羅馬將其目標指向控制西西里島的迦太基人，進而發生了三次布匿克戰爭。第一次由西元前 264 年至前 241 年，進行了二十三年，羅馬經過一連串苦戰，擊敗迦太基海軍，奪得西西里島，獲得勝利。第二次戰爭由西元前 218 年至前 201 年，歷時十七年。此役迦太基名將漢尼拔 (Hannibal) 採奇襲戰術，由西班牙出兵，越過庇里牛斯山與阿爾卑斯山，重創羅馬軍隊，所幸將士用命，化險為夷，羅馬大將西比阿 (Publius C. Scipio) 率軍渡海遠征迦太基，並擊敗返國救援的漢尼拔大軍。為了防範迦太基人東山再起，羅馬人發動了第三次戰爭，由西元前 149 年至前 146 年，徹底摧毀了迦太基，並於西元前 133 年佔領了伊比利半島。

擊敗迦太基人後羅馬繼續向外擴張以維護其利益，他們的目標是東方希臘化國家 (Hellenistic Kingdom)，經過一連串的戰事，於西元前 149 年至前 146 年間，攻陷馬其頓 (Macedonia)、希臘、塞流息得 (Seleucid) 等王國，並將希臘及馬其頓劃為羅馬行省。西元前二世紀末，羅馬佔領了地中海大部分地區，並將之劃為八個省分，從此進入共和

後期。西元前 133 年羅馬應波加姆 (Pergamum) 國王之請求，在他死後取得該地，羅馬在亞洲成立第一個省分，名為亞細亞 (Asia)，而開始其歐、亞、非三洲的霸業。

2.共和後期

　　共和後期由西元前 133 年征服伊比利半島到西元前 27 年屋大維 (Octavian) 稱號「奧古斯都」(Augustus)（歷史視之為第一位羅馬皇帝）為止。此時羅馬版圖已東達幼發拉底河 (Euphrates R.)，北至萊茵河 (Rhine R.)，內政或外交方面皆出現重大變化，戰爭衝擊了貴族與平民的關係，改變了軍人的屬性，由國家軍隊轉為私人部屬，將領擁兵自重，鬥爭不已，導致政局不穩，影響羅馬由共和政體轉變為帝制。由於領土擴張，中央無法有效管理，採行省制度，每省設一行政長官，握有大權，定期對中央納稅。最初中央尚能節制行省，以後行省坐大，中央不得不仰賴軍團。經濟方面，最主要的難題是，過去羅馬賴以壯大的小地主人數銳減。由於投身軍旅，報效國家，家園卻在迦太基人入侵肆虐之下多遭破壞，使得他們生計困難。再加上西西里省廉價穀物輸入，迫使小農出售農地，四處流浪，和失業與不滿的退伍軍人結合後，造成社會問題。同時，農業技術改良，貴族競相購地，不再種植穀物，而以戰爭中所虜獲的奴隸，在農莊 (latifundium 即 slave plantation) 從事橄欖油及酒類生產，這嚴重衝擊小農生活。儘管有心人士力圖改革，但涉及保守人士，尤其是元老的既得利益，導致政局更趨險峻。

(1)改革時期

　　此時期始自提比留‧格拉古 (Tiberius Gracchus) 及凱烏斯‧格拉古 (Gaius Gracchus) 兄弟的改革。提比留於西元前 133 年擔任羅馬保民官，他鑑於羅馬窮人及退伍軍人問題嚴重，以致社會經濟情況惡化，希望藉由恢復過去作為羅馬中堅分子之小地主的地位，重現羅馬榮景。提比留向部族會議建議，除了少數地主可以保有一部分公地外，其餘公地，以九英畝 (acre) 至十八英畝作為一區塊，分配給窮人。承受人

必須繳交少許租金，但不得出售土地。為了要執行其農業改革政策，在任滿一年之後，他無視傳統規定，支持部落會議改選，準備稱帝，遭保守派人士刺殺。其弟凱烏斯於西元前 123 年被選為保民官，繼續進行改革工作，除了將公地分配給窮人外，並主張在義大利南部及非洲地區建立羅馬殖民地，且給予羅馬的義大利盟邦人民公民權，此舉引起羅馬下層人士不滿。西元前 121 年尋求三度蟬聯保民官失利，元老院以維護國家安全為由，授權執政發佈戒嚴令，逮捕並殺害支持凱烏斯的群眾三千人，凱烏斯本人則自殺身亡。

(2)內戰時期

西元前 111 年至前 105 年，羅馬商人及一般民眾鑑於羅馬元老院無能，既無法保護羅馬在北非盟邦努米底亞王國 (Numidia) 的商業利益，又無法阻止日耳曼部族南下，帶來對高盧地區的騷擾，以及對義大利的威脅，乃聯合於西元前 107 年選出凱烏斯・馬利烏斯 (Gaius Marius) 為執政。在部族會議授權之下，他領軍平亂，首先綏靖北非，再解除日耳曼部族對羅馬的威脅。不過馬利烏斯出征未得元老院支持，因此兵源無著落，只能招募無土地的公民從軍（羅馬人要有土地才能當兵），從此羅馬軍人屬性改變，由業餘轉為職業，開啟軍人干政。由於軍人必須配合統帥的利益，靠效忠獲取土地和金錢，使得原來對國家的忠誠轉為對個人的服從，方便有野心的將領奪權。

西元前 88 年起羅馬進入內戰動亂時期，至屋大維統治為止，其間，共有三次內戰。第一次內戰是由於羅馬元老院派遣蘇拉 (Lucius Cornelius Sulla) 率軍東征，前往亞洲平亂，但遭馬利烏斯反對，雙方爆發戰爭，最後蘇拉獲勝，被任命為獨裁官，開始修憲，提高元老院地位，控制所有的立法，並減少保民官及部族會議權力，展開消滅異己的行動。西元前 79 年蘇拉自認修憲工作完成，辭掉獨裁官後退休。

第一次內戰之後，羅馬政局轉趨複雜，年輕有野心的將領開始爭權奪勢，形成了羅馬歷史上第一次三頭政治 (First Triumvirate)——龐培 (Pompey)、克拉蘇 (Crassus)、凱撒 (Julius Caesar)。龐培之崛起係由

於他率軍東征，綏撫海盜亂事，安定塞流息得瓦解後的混亂政局，維繫了羅馬東方省分的秩序，聲名大噪，被選為執政，西元前 60 年，與克拉蘇、凱撒合作，西元前 59 年凱撒也被選為執政。三頭政治並非政府體制，而只是私人協定。三人中以凱撒最具實力，他出身貴族家庭，受過良好教育，個性溫柔，口才便給，懷政治野心。執政未幾，即藉口日耳曼人越過萊茵河危害高盧地區安寧，率軍遠征，九年功成，著有《高盧戰記》(*Commentaries on the Gallic Wars*) 廣為流傳，被譽為研究日耳曼史的重要史料。龐培鑑於凱撒聲勢日盛，慫恿元老院，於西元前 49 年下令凱撒解散軍隊，凱撒不從，發兵攻向羅馬，爆發第二次內戰。克拉蘇已於西元前 53 年死於戰場，龐培不敵，遠走埃及，但遭凱撒圍堵，西元前 48 年為埃及人所殺。凱撒於消除異己之後，開始個人獨裁專政，成為終身執政，進行多項改革，包括給予高盧地區居民羅馬公民權、增加元老院非義大利人的席位、減輕窮人的債務、提出公共工程計畫、在義大利境外建立殖民地。凱撒遠征埃及時，迷戀埃及女王克利歐佩拉克 (Cleopatra)，生有一子，為了要讓其子順利繼位，要求元老院同意將終身執政改為皇帝，引起元老院不安。西元前 44 年凱撒遭暗殺，帝制之夢亦告幻滅。

羅馬第三次內戰發生在凱撒死後，其副手安東尼 (Mark Antony)、養子屋大維與雷比達 (Lepidus) 之間的鬥爭，歷史上稱之為第二次三頭政治 (Second Triumvirate)。在這場內戰中，他們替凱撒報仇，擊敗保守派貴族。之後，安東尼與屋大維共治十多年，安東尼控制東方地區，屋大維則留守羅馬。屋大維心胸狹窄，對安東尼坐大漸起戒心，特別是對他和克利歐佩拉克的親密關係不滿，擔心羅馬因此受制於克利歐佩拉克，兩人因而發生戰爭。當雙方艦隊在希臘外海亞克興 (Actium) 海域相逢時，安東尼因克利歐佩拉克未予支援負敗，逃往埃及，西元前 30 年自殺身亡，克利歐佩拉克亦隨後自殺，成為歷史佳話。

(二)帝國時期

帝國分為前後兩期，前期自西元前 27 年至 284 年，後期由 284 年

至 476 年西羅馬滅亡為止。嚴格說來，前期應自屋大維於西元前 27 年獲元老院尊為「奧古斯都」開始。是年，屋大維宣佈恢復共和體制（其實是將個人的獨裁穿上共和的外衣），給予元老院對義大利及半數省分的控制權，以及對部落會議的立法審議權，因而獲得元老院回報。

1.帝國前期

帝國前期自屋大維於西元前 27 年被尊為「奧古斯都」之後，可以分為兩個階段，第一階段至 180 年，史上稱為羅馬和平 (Pax Romana) 時期，第二階段由 180 年至 284 年稱為兵營皇帝時期。

(1)和平時期

羅馬和平時期的統治歷經朱理亞－克勞狄王朝 (Julio-Claudian dynasty，西元前 27～西元 68 年)、弗拉維王朝 (Flavian dynasty，69～96 年) 以及五賢君時期 (Five Good Emperors，96～180 年)。朱理亞－克勞狄王朝時期共有五位統治者，屋大維是最為人所知者，他除了豎立個人威望，建立帝國之外，在內政、外交方面皆有重大貢獻。他不以執政，也少以獨裁官，而大多是以保民官身分治國，不僅擁有立法提案權，以及立法和行政否決權，也保有邊疆駐軍省分的軍政大權。儘管在軍中被稱為「常勝將軍」(imperator，即後來的 emperor)，但卻喜歡以「第一公民」(princeps) 自居，後人稱他的政治體制為元首政治 (Principate)。

在內政方面，他重振羅馬傳統道德理念，重視家庭生活，嚴懲不法色情，重建破損寺廟，恢復宗教儀式，增加公務人員薪俸，放寬公務人員資格限制。至於外交，他將羅馬邊界擴張至多瑙河 (Danube R.) 以防堵日耳曼人南下，但卻

圖 4：奧古斯都銅像（收藏於梵蒂岡博物館）

未能肅清在易北河 (Elbe R.) 盤踞的日耳曼人，導致後來日耳曼人日益坐大。

　　自 14 年屋大維去世之後，王朝光芒漸淡。提比略（Tiberius，14～37 年在位）是屋大維養子，被元老院指定為繼承人；卡利古拉（Caligula，37～41 年在位）瘋瘋癲癲，要元老院將他心愛的馬尊為執政官，搞個人崇拜，希望被尊奉為神；克勞狄（Claudius，41～54 年在位）盡忠職守、英明廉能，不過在羅馬佔領英國（43 年）後，卻開始集權；尼祿（Nero，54～68 年在位）早期統治尚獲好評，後期則惡名昭彰，暗殺母親及太太。他將 64 年發生的羅馬大火歸咎於基督徒所為，大肆屠殺羅馬基督徒。幾年後自殺，結束了朱理亞─克勞狄王朝。

　　繼尼祿之後，大權落入弗拉維王朝手中，其間重要統治者有：惠斯帕西安（Vespasian，69～79 年在位）是建朝國君，任內平衡財政支出，增加稅收，修建羅馬競技場 (Colosseum)，整編軍隊，給予各省居民羅馬公民權。提圖斯（Titus，79～81 年在位），任內發生維蘇威火山 (Mount Vesuvius) 爆發，龐貝 (Pompeii) 城於此時損毀。圖密善（Domitian，81～96 年在位）被暗殺後，王朝終結，羅馬進入「五賢君時期」。

　　五賢君分別為涅瓦爾（Nerva，96～98 年在位）、圖拉真（Trajan，98～117 年在位）、哈德良（Hadrian，117～138 年在位）、安敦尼（Antoninus Pius，138～161 年在位）、馬庫斯‧奧理略（Marcus Aurelius，161～180 年在位）等統治者。其中值得一提的有兩位，一是哈德良，確定了帝國的疆界，放棄了已征服卻難以防守的亞美尼亞 (Armenia)、美索不達米亞 (Mesopotamia) 地區，並在今日德國及英國等地，豎立二十英尺高的石牆，穩固國防。任內巡行帝國各行省，建新城，修舊城，營造公共建築，其中最有名的是萬神廟 (Pantheon)。另一位是馬庫斯‧奧理略，被譽為帝王哲學家。他雖愛好和平，但卻被迫與日耳曼人進行長期作戰。

　　羅馬和平時期帝國領土西起英國，東抵幼發拉底河，人口約一億。

在羅馬法及政府的運作之下，關稅取消，貨幣統一，工業起步，海盜匿跡，社會安定，經濟繁榮。生活以農業為主，大地主富裕有加，佃農取代農奴成為耕作主力（由於戰爭減少，戰俘缺乏）。唯義大利地區的經濟，由於羅馬統治地區高盧、西班牙及北非的酒及橄欖油生產邁向自足，影響義大利的輸出，導致農業產品過剩；與東地中海區域及亞洲的貿易，包括香料、絲綢開始萎縮；購買東方奢侈品數量增加，影響貨幣流失，和平榮景至一世紀末趨於停滯，地方政府應對無方，中央政府不得不介入干預。

⑵兵營皇帝時期

這段時期羅馬情勢由承平走向動亂，內亂外患層出不窮。屋大維所規劃的憲政如今已被專制君王所取代，軍人擁兵護主，無視元老院。至三世紀末，「第一公民」變成「聖主」(dominus et deusr 即 lord and god)，成為絕對的統治者。

兵營皇帝時期始於康茂德 (Commodus)，他在位十二年（180～192年），無能、腐敗、殘暴、拙於外交，192 年後失勢，五位將領爭奪皇位，最後落入塞維魯 (Septimius Severus) 手中，開始了塞維魯王朝。塞維魯雖然用心重建帝國秩序，但卻將羅馬帝國體制轉型為軍人執政，以私人部隊取代禁衛軍，指派忠心將領出任文官，確立軍人執政。兵營皇帝期間，血腥內戰、暗殺事件層出不窮，二十六位皇帝中二十五位死於非命。

2.帝國後期

兵營皇帝執政，政治動亂，經濟失調，通貨膨脹，社會問題叢生，人民求治心切，之後的主要統治者有三位。第一位是戴克里先 (Diocletian，284～305 年在位)，其上任後大展鴻圖，先結束內亂，再建立新秩序。但不久高盧地區爆發戰事，為了使戰爭進行順利，於285 年拔擢軍中同僚馬克西米安 (Maximian) 為副手（co-regent，又稱為凱撒 [caesar]）兼副皇帝 (co-emperor)，286 年高盧地區亂平。戴克里先與馬克西米安聯合執政，各司其職，戴克里先負責內政，特別關注

稅制、公務人員薪俸、法庭組織，馬克西米安則專職軍務、作戰。286
至 287 年英格蘭地區情勢不穩，要求脫離羅馬管轄，東方也出現叛亂，
戴克里先察覺中央集權統治已無法切合現狀需求，於 293 年提出分治，
帝國分由四人統治（tetrarchy 即 rule of four），兩位皇帝（頭銜為奧古
斯都 [augustus]）各自尋找一位副手（頭銜為凱撒 [caesar]），當他退位
後，由副手接替。這項措施穩定了羅馬政局二十年，但也為後來羅馬
帝國分裂留下伏筆。果然在 306 年的繼位問題爭端再起。

　　第二位是君士坦丁一世（Constantine I，306～337 年在位），他在
此混亂中征服群雄，成功掌權。在奪權過程中，君士坦丁認為羅馬城
一役，係因基督之助，方能成事，因此開始大力支持基督徒活動，313
年發佈「米蘭詔書」（*Edict of Milan*），給予基督徒傳教自由。任內除了
繼續戴克里先未竟事業外，並將都城遷往拜占庭 (Byzantium) 更名為
君士坦丁堡 (Constantinople)。此舉使得羅馬政權重心轉移至東方，羅
馬城的重要性降低，以致日耳曼人易於南下入侵。

　　第三位是狄奧多西一世（Theodosius I，379～395 年在位），任內
於 382 年與日耳曼族中的西哥德人 (Visigoth) 簽約互盟，允以多瑙河
下游南邊土地。且於四世紀末頒定基督宗教為羅馬國教，鏟除異教，
開啟了基督教會的時代。

三、西羅馬滅亡

　　帝國後期日耳曼部族受匈奴壓迫，不時犯境。匈奴來自中亞地區，
為一善戰好騎的遊牧民族，於 372 年越過窩瓦河 (Volga R.) 征服日耳
曼族中最東邊的部落，接著攻擊黑海北部的西哥德人。376 年西哥德
部族獲准越過多瑙河進入羅馬國境，以作為羅馬帝國的盟友共同對付
匈奴。但不肖的羅馬官員未給予善待，反而無端欺凌，導致動亂四起。
東方羅馬皇帝瓦倫士（Valens，364～378 年在位）試圖阻止西哥德人
挺進，但在哈德良堡 (Adrianople) 一役受挫，大軍慘敗，本人亦死於戰
場。此役打破了羅馬軍團不敗的神話，並帶來日後五十年的亂局。狄

奧多西一世在位時曾擊退西哥德人，但自從他於 395 年去世後，西哥德人在阿拉里克一世 (Alaric I) 領導之下重振旗鼓，401 年入侵義大利。同年羅馬皇帝荷洛盧斯 (Honorius) 為了確保安全，將都城遷往義大利北方的拉文納。

羅馬為阻止西哥德人進犯義大利，自 406 年起分別由萊茵河邊界及英國撤軍。此舉雖然暫時扼止了西哥德人的行動，但造成日耳曼人大舉越境，如汪達爾人 (Vandal) 經高盧進入西班牙，受阻於西哥德人，再轉往非洲，455 年肆虐羅馬城。於此同時，勃艮第人 (Burgundian) 定居隆河河谷 (Rhone valley)，法蘭克人 (Frank) 散佈在高盧地區，盎格魯人 (Angle)、撒克遜人 (Saxon) 則入侵英國。雖然這些部族皆在羅馬境內建立日耳曼人治理的國家，但只有法蘭克人及盎格魯‧撒克遜人所建立的國家能讓政權維持長久。後來西哥德人於 410 年攻陷羅馬城，荷洛盧斯求和，允以高盧南部土地，誘使西哥德人進入西班牙，建立西哥德王國，直至八世紀被穆斯林征服為止。

帝國後期羅馬軍隊中的將領多由日耳曼人出任，擁有實權。476 年日耳曼人出身的統帥歐多瓦卡 (Odovacar) 篡位，罷黜在位的西方羅馬皇帝羅慕路斯‧奧古斯都路斯 (Romulus Augustulus)，成為第一位日耳曼人的義大利統治者，從此西方世界落入日耳曼人手中，拜占庭皇帝則延續羅馬政權，但僅限於東部地區。

第二節　政治體制與法律

羅馬人建立了跨歐、亞、非三洲的大帝國，政治組織架構與法律影響深遠，他們究竟如何讓被征服地區和人民分享政權，進行有效管理，頗為後人關切。羅馬政府架構有三：行政長官、元老院及公民大會。行政長官以貴族階級選出的執政 (consul) 為首，有兩位，擁有絕對的行政、軍事權力。在他們之下，還設有副執政 (praetor)，負責民事裁判。國家遭遇外患，發生戰爭，或國內情勢不穩，出現緊急狀況

時，執政官可以提名一位獨裁官 (dictator)，賦予最高統治權，但其擁有權力時間僅限於緊急狀況或六個月。此外還有檢察官 (censor)❶、市政官 (aedile)❷、財務官 (quaestor)❸。元老院的元老係各氏族族長，出身貴族家庭，源於伊特拉斯坎人的元老貴族會議 (Council of Noble Elders)。他們於王政時期擔任國王顧問，於共和時期則擔任執政及其他官員顧問，名義上沒有立法權，只能建言，但有安排議事的權力，等於對法案有定奪的權力。公民大會有兩種，一種是全民會議 (Comitia，全體民眾參加)，另一種是部族會議 (Concilia，只有部分民眾參加)，如百人會議、區會議、部落會議等。公民大會主要的任務是投票，但不是一人一票，而是間接投票。

　　隨著羅馬對外征戰，平民力量提高，乃要求分享政權，羅馬於是增設了平民會議與保民官。西元前五世紀，羅馬平民威脅要離開羅馬城，至城外東北三哩處的聖山 (Mons Sacer)，另外建立一個國家。貴族為了避免內戰，願意讓步，允許他們組成平民會議 (Concilium Plebis)❹，選出自己的長官，稱為保民官 (tribune)❺，並通過平民法令 (plebiscites，即 plebeian decrees)，使其治理平民團體，對貴族及元老院的不當迫害，提出否決權。平民在獲得權力之後擔心貴族不信守承諾，要求將之刻在十二個銅板上，於西元前 450 年樹立於羅馬廣場，稱為《十二銅表法》(Law of the Twelve Tables)，這是羅馬第一部成文法。平民除了獲得參政權之外，並爭得更多的權利與保障，如由執政所判決的死刑可以上訴，並可以在大會中獲得更審；貴族與平民可以通婚，不得因債務奴役別人。至西元前 367 年，將兩位執政中

❶ 每五年由百人會議選出兩位，任期十八個月，主要任務為修訂公民名單，審查元老院成員，決定增加新成員，開除品行不端的元老議員。檢察官多由前執政官出任。

❷ 每年選出四位，兩位是貴族市政官，兩位是平民市政官，負責羅馬城內的維護工作，也擁有一定程度的司法權。

❸ 最低階的行政官，早期由執政官任命，後來改由部族會議選舉產生，任滿自動成為元老院成員。有財政上的責任。

❹平民會議是以部族為基礎所組成,它通常反映富有平民的願望。至西元前三世紀,平民會議的決議獲得獨立的法律力量。

❺由平民選出,最初有兩位,以後增至十位,主持平民會議,在政治上有否決權,屬於半行政官。

❻希臘化時期盛行的哲學之一,由芝諾 (Zeno) 所創,主張自然是神意的表現,人惟有迎合自然才能獲得快樂,人與自然應合而為一。

的一個名額保留給平民,平民亦可出任一些原為執政所擁有,由貴族設立的新職位,如司法官、財務官、監督道德及房屋契約的檢察官。西元前 287 年,平民會議獲得法律地位,改名為部族會議 (Tribal Assembly)。

羅馬法律建立在自然法 (Natural Law) 的基礎之上,強調斯多噶精神❻,主張法是自然產物,先於人而存在,是正義與非正義之區分標準,法律大於行政權力,法律之前人人平等,奠定了今日西方法學重視人權的基礎。

羅馬法的成就不是與天俱有,而是逐步演進而成。早先與其他地區的情形一樣,只有習慣法,沒有成文法,待建國之後,為了平息貴族與平民之間的衝突,於西元前 450 年頒佈了《十二銅表法》,保障平民的權利。西元前三世紀,羅馬人統一了義大利半島,為了加強被征服部族對羅馬的認同,制定了《公民法》(*Civil Law*),對羅馬公民的權限加以說明。西元前三世紀之後,羅馬成為地中海的強權,制定了《萬民法》(*Law of Peoples*),除了原有的法律規範之外,增加了其他民族的法律特性,內容著重各民族間的商品市場、經濟契約,符合各民族共同需求。帝國後期,政治傾向專制,法律不見進步,亦少有創新,朝向彙編方面發展,法學大師輩出,代表人物為「法學五傑」蓋尤斯 (Gaius,117～180 年)、保羅斯 (Paulus,121～180 年)、烏爾比安 (Ulpian,?～228 年)、帕皮尼安 (Papinian,140～212 年)、莫德斯蒂努斯 (Modestinus,250 年之後)。重要的法典有《狄奧多西法典》(*Theodosian Code*)。

第三節　宗　教

　　信仰是先民生活中重要的一環，它是消除人內心焦慮及恐懼的必要手段，儘管科學不斷提升理性的地位與功能，但在面對死亡的恐懼時，仍然無解，因此宗教作為人類文明的一環，迄今仍有其影響力。羅馬人的宗教信仰可以分為兩個階段，第一階段為多神崇拜，帝國後期則信奉基督宗教。

一、多神崇拜

　　早期羅馬宗教信仰屬於城邦性質，崇拜多神、重儀式、強調團體性、不講教條，具有較大的包容性。公共宗教的神祇與希臘幾近相同，就只是將希臘重要神祇配上拉丁名字，如希臘的天神宙斯 (Zeus)、天后希拉 (Hera)、智慧之神雅典娜 (Athena)、農神迪米特 (Demeter)、戰神阿瑞斯 (Ares)、愛神阿夫洛黛特 (Aphrodite)、商業之神赫爾姆斯 (Hermes)、海神波賽頓 (Poseidon)、酒神戴奧尼西斯 (Dionysus)、月神阿爾提彌斯 (Artemis)；羅馬人稱天神為朱彼特 (Jupiter)、天后朱諾 (Juno)、智慧女神密涅瓦 (Minerva)、農神塞勒斯 (Ceres)、戰神馬爾斯 (Mars)、愛神維納斯 (Venus)、商業之神墨丘里 (Mercury)、海神奈普東 (Neptune)、酒神巴庫斯 (Bacchus)、月神戴安娜 (Diana)。每一位羅馬公民都必須依其身分參加祭典，隨著個人的不同或多重身分，參加的祭典也就有多有少。每一個團體都有自己信奉的神，但都要祭拜羅馬守護神——卡皮托利的三神 (triade Capitoline：天神朱彼特、天后朱諾、智慧女神密涅瓦)，至於自家神祠供奉的神則由自己決定，典型的有家神拉爾 (Lar)、宅神珀那忒斯 (Penates)。

　　羅馬宗教既是一種儀式，也是一種實踐，沒有教育意涵或啟示。儀式的內容包括祭品與占卜。祭品是一隻獻給神的家畜，經過宰殺，將代表神的動物軀體在聖壇前焚燒，其餘分給參加祭典的群眾，當場

吃掉。占卜則在尋求神支持他們的決定。宗教活動可以分為私人與團體兩種，屬於私人的活動，可以自行辦理，享有無限度的包容，只要不引起社會騷動即可，但屬於全體國民的宗教活動，則一定要在神殿廣場舉行，由行政官和公共祭司帶領，目的在為團體求福，也為皇帝祈福。羅馬神與人之間是一種夥伴，而不是服從關係。在多神主義下，諸神各司其職，沒有絕對主宰。城邦是神人之間的共同組織，羅馬所有的公共活動都是宗教活動。對征服地區的外邦宗教信仰，則完全包容，包括猶太教與基督宗教，沒有主動壓抑宗教信仰的情形，而猶太教與基督教會遭受壓抑，是由於猶太教與基督宗教的排他性，及其所帶來的社會問題。

二、基督宗教

羅馬自從將基督宗教定為國教之後，基督宗教與世俗政權之間的關係就牽扯不清，基督信仰成為西方文化的精神主體，影響了西方歷史的發展，因此在探討羅馬與基督宗教的關係時，得先了解基督宗教。

基督宗教源於猶太教，猶太人亡國後散居各地，住在希臘化地區的猶太人，分為兩支，一支稱為傳統猶太分子 (Jewish traditionalist)，一支稱為希臘化猶太人 (Hellenized Jews)，兩派人士互不見容，甚至還發生血腥衝突。羅馬鑑於動亂將危及治安，西元前 63 年將此地劃歸羅馬管轄，猶大成為羅馬的一個小省區，由省長 (procurator) 管理。猶太人儘管彼此對立，但皆堅信神將派遣一位救世主 (Messiah) 拯救他們。

猶太教之所以會發展出基督宗教，與耶穌密切相關，根據《聖經·新約》記載推測，耶穌大約生於西元前 4 年（並非西元元年），為猶太教徒，在家鄉拿撒勒 (Nazareth) 從事木工一年後，開始佈道，傳播愛人、遠離罪惡的信念。《聖經·新約》對耶穌傳教有詳盡的記載，特別是一些奇蹟，如在水上行走、讓瞎子復明等，引起熱烈討論，因而獲得廣大信眾。大約在 29 至 31 年間，耶穌來到耶路撒冷，參加逾越節活動，大批群眾熱情歡迎，視他為「救世主」。耶穌向他們傳道，但宣

講的不是地上王國而是天上王國，引起群眾不滿，指責他未能帶領他們反抗羅馬。根據史書記載，後來他的門徒猶大 (Judas Iscariot) 萌生背叛之心，向羅馬總督彼拉多 (Pontius Pilate) 檢舉，法庭判處褻瀆神明，但彼拉多卻認為他要做猶太人國王，以叛國罪判處死刑，釘死在十字架上。

耶穌被釘死在十字架後，一切似乎隨著他的去世告一段落，未見隻字片語留下，門徒也各奔前程。但三天之後，有人說看見耶穌復活，並向其門徒講道，於是掀起一股宗教狂熱，但在巴勒斯坦地區猶太人改信者並不多，反倒是住在外地的希臘化猶太人接受祂，特別是大馬士革 (Damascus)、安條克 (Antioch)、科林斯 (Corinth)、羅馬 (Rome) 等地。

耶穌基督與其門徒在世時，仍遵守猶太律法，無意脫離猶太教，因此對非猶太人影響有限。但耶穌門徒彼得 (Peter)❼及保羅 (Paul)❽卻改變了這一切，彼得至羅馬傳教被捕，以倒釘在十字架上就義，葬在今日的梵蒂岡。據說耶穌曾把天國的鑰匙，也就是統治世界的鑰匙授予彼得，使他成為使徒之首，被後世推為第一位教宗。保羅以便給的口才，動人的內容，感人的語調，旅行各地佈道，獲得廣大群眾回響，使得基督宗教成為普世的宗教，被譽為基督宗教的第二人 (Second founder of Christianity)。

基督宗教之所以獲得萬民信奉，不僅是受到感召使然，也因為它有理念。一般宗教信仰多具有濃厚的感情性。基督宗教神學則兼具理性的邏輯成分，它將信仰由「迷信」提升至「堅信」的層次。換言之，耶穌是一種「理性」的存在。這可以由基督宗教的原罪與三位一體

❼ 彼得為耶穌十二門徒之首，根據《聖經・新約》，耶穌稱他為「磐石」，並要將教會建築在此磐石之上，意謂耶穌把建立教會的重責大任交付給他。他是安提阿與羅馬教會的第一任主教，當時被視為教會的領導者。

❽ 保羅原名掃羅 (Saul)，猶太人後裔，羅馬公民，在小亞細亞長大，早年堅信猶太教義，33 年前往大馬士革，改信基督宗教，開始傳教工作，八千里路雲和月，獲廣大回響。

圖 5: 聖彼得　　　　圖 6: 聖保羅

論獲證。基督宗教之原罪來自亞當與夏娃對上帝的不信任。猜忌與不信任成了原罪，造成人間的諸多不幸。三位一體是基督宗教的精神支柱，關係著基督宗教正統與異端的區分。按 325 年第一次尼西亞會議，三位一體是指聖父、聖子、聖靈三者同體，在天上為天父，在人間為人子，來往兩者為聖靈。天主創造了宇宙萬物，但是生了耶穌，所以天主與耶穌是同體。反對者認為聖父與聖子不同體。基督宗教這項理論之所以具有說服力，在於他們建立在希臘哲學家亞里斯多德的三段論法邏輯基礎上。依三段論法的推論，由大前提、小前提產生的結論才符合真。譬如人會死，蘇格拉底是人，所以蘇格拉底會死。同理，耶和華是永生的，耶穌是耶和華，所以耶穌是永生的。

　　羅馬人對任何宗教均採寬容政策，唯獨對基督宗教不然，視基督徒為社會及國家的破壞分子，主要原因在於：基督宗教重視來生，讓羅馬人中不滿現實生活者得到舒解管道，影響羅馬的道德信念。其次是基督徒拒絕對國家祭典提供祭品，但這是羅馬人視為效忠的表現，因而引起執政當局憂心。第三，基督宗教是一神信仰，羅馬人則是多神崇拜，基督宗教的排他性，威脅羅馬其他宗教的存在。第四，羅馬

官員認為基督徒是一種反社會的神祕團體，試圖建立國中之國，因而視之為叛國團體。

　　早期羅馬人對基督徒的迫害只是一些地方的零星行動，到三、四世紀時，帝國情勢不穩，基督徒遭到有計畫的大規模鎮壓。戴克里先皇帝於 303 年頒佈命令，凡不供奉羅馬神者將處以死刑。但這項命令成效不大。313 年君士坦丁在穆爾維大橋 (Milvian Bridge) 一役前夕，看到夜空中有一個十字架，上書寫「至此，征服」，晚上更夢見基督。次日即以十字架作為標誌，結果大軍獲勝，於是他開始給予基督徒信仰自由。四世紀末羅馬皇帝狄奧多西一世尊奉基督宗教為國教，開啟了基督宗教的盛世。

第四節　文化表現

　　羅馬人與希臘人不同，希臘人強調私人生活，羅馬人重視公共生活，因此對公共建築特別用心。公共建築不是純粹的裝飾，而是權力的寫照。羅馬城主要城市中心築有公共廣場，提供集會使用，廣場邊緣有長型大會堂，供祭拜使用。除了廣場之外，公共浴池也是重要的娛樂場所，是羅馬文明的象徵；沐浴是公民生活的重要消遣活動，是公民生活一天的結束，也是下午宴會的前奏。公共浴池建築宏偉，主體呈長方形，有熱水廳、溫水廳、冷水廳。兩側為入口處，有更衣室、按摩室、蒸汗室。主體建築後面有體育場，其餘三面是花園。四世紀時，羅馬城有大型浴場十一座，中小型者八百多座。大型公共浴池除了可供洗澡之外，還有健身房、俱樂部、圖書館、演講廳、交誼廳等設施。最大的浴場可容納千人，是貴族、自由民交際和政治活動場合，經常有樂隊演奏，詩人和戲劇家朗誦自己的作品等表演，是羅馬人重要的社交場合。

　　競技是羅馬人生活重要的一環，早先是為了祭神而進行的活動，提供諸神和主祭觀賞。競技項目有戰車賽與角鬥比賽 (du pain et des

圖 7: 羅馬角鬥士奮力一搏之景

jeux)。戰車競技源於西元前六世紀,廣受羅馬人喜歡,一直到帝國滅亡才消失,但在拜占庭仍延續到十三世紀。所有的大首府都有賽車場,每場比賽有四位選手參賽,分為藍、綠、白、紅四隊,各有支持者並有其政治立場。角鬥比賽則於西元前 264 年出現,本來與葬禮有關,後來成為競技項目。參加角鬥的武士不准攜帶武器,以血肉之軀搏鬥,至死方休。也有人與獸搏鬥的,此時武士便可全副武裝。為了競賽,羅馬人建造圓形劇場。劇場分為兩類,第一類呈半圓形,專供戲劇演出,第二類呈圓形或橢圓形,專供角鬥表演,以大競技場 (Colosseum) 最宏偉,又稱為圓形大劇場,可容納五萬多人。

羅馬人能征服四鄰,主要依賴「羅馬軍團」的戰鬥力以及修築道路的能力。首先說「羅馬軍團」。史料記載,羅馬採用的是公民兵制,「寓兵於農」。只有公民才能當兵,出征時必須自備武裝,在軍中的地位也視財產多寡而定,分為五等。第一等是騎士,二、三、四等為重裝步兵,五等為輕裝步兵。基本戰術單位是「軍團」(legion),軍團人數及軍團數目在各時期並不一定。最初有一百九十個「百人團」

圖8：羅馬大競技場

(centuria)，成員以重裝步兵為主。四世紀時，羅馬有四個軍團，每個軍團有四千二百名重裝步兵，和一定數量的輕裝騎兵。

　　戰鬥隊形採方陣，戰士排成一系列橫列，較長的一面對著敵人，兩個軍團左右並列，形成密集陣線，兩側有騎兵，前方有輕裝步兵。戰鬥採「三列隊法」，由輕裝步兵開始攻擊，以後由第一列、第二列、第三列依順序補上作戰。

　　提到道路，「條條道路通羅馬」說明了羅馬人對道路建設的重視。共有二十九條幹道，寬度一樣，遍佈全國，通達羅馬。道路用石頭與碎石鋪成，工程品質可靠，易於修補，便於車馬馳騁。道路兩旁的下水道及橋樑亦有其特色，十四條下水道長達兩百六十五英里，令人讚嘆。

　　早期羅馬建築多模仿伊特拉斯坎人，以後逐漸改良，有了自己的特色，他們用石塊和磚塊圍繞空間，形成拱形圓屋頂，最有名的是萬神廟。此外，羅馬建築也模仿希臘類型而加以改良，但別具特色。他們將希臘古典的柱式作為裝飾用，例如凱旋門，原為木構棚架，隨用隨拆，但羅馬人卻先用磚石，後改用大理石，發展為永久性建築，將它立於重要廣場和通道。

羅馬文學被稱為拉丁文學。共和初期出現許多重要詩人，他們用拉丁文翻譯希臘文學作品，奠定了拉丁文學基礎。主要的代表人物有將荷馬史詩中的《奧德賽》(*Odyssey*) 譯為拉丁文的安德羅尼庫斯 (Livius Andronicus)，還有用拉丁文書寫有關第一次布匿克戰爭史詩的奈維烏斯 (Gnaeus Naevius)。

共和時期受重視的作家西塞羅 (Marcus Tullius Cicero) 被譽為「羅馬散文泰斗」，其文體結構勻稱，詞彙優美，句法嚴謹，音韻鏗鏘。他的作品主要特色在修辭，除了動人心弦的演說詞外，更感人的是書簡信函。他給友人的信函，自然且坦率流露出親情友誼，清逸爽快的心懷，富人情味的個性。其次是凱撒，以《高盧戰記》一書，享譽文壇。此書最大優點為通俗易懂，雅俗共賞。全書分八卷，以一卷記一年度之事，從西元前 58 年凱撒擔任高盧總督起至西元前 52 年為止，具有敘事與政論兩種性質，不僅文筆流暢，也用高度技巧表達了他的企圖。

在屋大維的大力提倡之下，帝國時代出現三位偉大詩人：味吉爾 (Virgil)、賀拉斯 (Horace)、奧維德 (Ovid)。三人之中以味吉爾最受推崇，《牧歌》(*Eclogues*) 描述了義大利農民的辛勞疾苦與鄉間的恬靜，有濃郁的鄉土氣息，也相當有哲理；《農事詩》(*Georgics*) 談農業生產，用美麗的詩句描述農事操作，歌頌農民的辛勞以及義大利風光。詩作廣受歡迎，因而他被公認為帝國的桂冠詩人。賀拉斯比味吉爾小五歲，屬於同一時代的作家，其詩作與味吉爾風格不同，味吉爾博大精深，文采飛揚，賀拉斯則是恬靜隨和、才思雋永。他的詩篇以短歌抒情見長，主要代表作有《歌集》(*Odes*)、《長短句集》(*Epodes*)。作品強調人性理想與人生哲理，以抒情小詩闡述道理，以詩意的清朗與性格的淳厚感人，深受人們喜歡。奧維德生存的年代比前面兩位晚，被認為是西方文學中擅於描寫愛情的詩人之一。他抒寫感情既富熱情，又帶有一點譏諷和嘲弄的意味，這種反叛色彩特別受到年輕人歡迎。主要的代表作有《愛情詩》、《愛的藝術》、《淑女書簡》、《變形記》。

文學之外，羅馬在歷史學方面亦人才輩出，作品引人入勝。受到

後人推崇的有李維 (Livy)、塔西圖斯 (Tacitus)、普魯塔克 (Lucius Mestrius Plutarchus) 和凱撒。李維著有《羅馬史》(*The History of Rome*)，又稱為《羅馬自建城以來》(*The Founding of the City*)，由羅馬建城一直敘述到奧古斯都王朝。全書共一百四十二卷，如今留下來的有三十六卷。他根據早期的記載，整理出一本史書，歌頌羅馬人的偉大，被認為是一部「散文中的史詩」。史家柯林烏 (R. G. Collingwood) 評論其作品文學特質高，敘事生動，文辭優美。

塔西圖斯著有《日耳曼誌》(*Germania*)、《歷史》(*Histories*)、《編年史》(*Annals*)。《日耳曼誌》敘述羅馬帝國時代萊茵河邊界地區的實況，詳細記載古代日耳曼人社會生活的情形。《歷史》敘述羅馬內戰時期（68～96 年）的歷史，全書約十二卷，現在存留下的有前四卷及第五卷殘篇。《編年史》從奧古斯都寫到尼祿皇帝，全書共十六卷，有精闢的議論。他的作品多為個人親身經歷，敘事生動，風格典雅。

普魯塔克著作等身，傳言其著作有二百二十七部，流傳下來的有一百二十部，以《希臘羅馬名人傳》(*Parellel Lives*) 最受重視，該書開創了以英雄傳記寫作歷史的形式。全書有四十六篇成對，按照軍事家、政治家、立法者、演說家分類，各用一名希臘人搭配一名羅馬人，分二十三組，以希臘文寫成，夾敘夾議，引人入勝。

最後一位是凱撒，他雖一生戎馬，但《高盧戰記》一書也使之享譽史壇。該書兼具文學、史學價值，書中記載高盧地區山川形勢、民族部落分佈，為後人研究高盧與日耳曼歷史提供了寶貴的資料。

小 結

羅馬人崛起於義大利中部地區後，征服四鄰，統一義大利半島，進而發展為地中海強權，建立了一個跨歐、亞、非三洲的大帝國。對歐洲人而言，羅馬代表了西方國家的志業及西方人的宏觀，述說了義大利人的驕傲，成為義大利人的最大資產。

羅馬雖已隨著歲月的更迭，風華不再，但古城的風韻猶存，競技場、萬神廟、圖拉真圓柱，刻劃了羅馬的風采。然而，她的魅力不只在其事功成就，更重要的是其精神長存。羅馬的共和體制、軍團組織、法律制度、公共建設，皆為後人提供了效法的典範。條條道路通羅馬再現了羅馬人的胸襟，成為義大利人最引以為傲的地方。

第三章
聖俗紛爭時期

　　西羅馬滅亡之後，日耳曼人大量入侵，歐洲陷入動亂之中。特別是在義大利，由於教宗以精神領袖地位繼續發揮其影響力，導致聖俗的紛爭。究竟是教會的勢力大？還是世俗的權力大？成為這段期間歷史的焦點，它書寫了西方歷史精彩的篇章。

　　日耳曼人是一個多族群部落的總稱，包括西哥德人、東哥德人、汪達爾人、法蘭克人、倫巴人、勃艮第人、盎格魯・撒克遜人等，他們在受到匈奴人的騷擾之後，進入羅馬境內，並將羅馬皇帝驅逐下臺，但卻無法承續原來羅馬帝國政權。各部族圖霸一方，無法對羅馬原有的版圖進行有效整合，形成歐洲分裂的局面，也描繪了近代歐洲的圖式。

　　日耳曼部分族群入侵義大利後，教宗處境堪慮，為求自保，採以夷制夷策略，拉攏有利其活動的外來勢力，作為維繫生存的手段，使得義大利北部、中部、南部分別受到不同的外力干預，產生不同的政權，以致義大利身處戰亂之中，至 1861 年統一之後，仍呈現多元文化狀態。

　　這段約自 500 至 1400 年的歷史變遷，由日耳曼族的西哥德人入侵開始，東哥德人、倫巴人繼之。教宗為了對付倫巴人，乃邀請法蘭克

國王查理曼（Charlemagne，742～814 年）派兵協助，討伐倫巴人，事成之後，給予加冕，以示感激。962 年加冕奧圖一世（Otto I，936～973 年在位）為「羅馬皇帝」，促成後來「神聖羅馬帝國」的出現。這兩項舉措造成教權與皇權之爭，開啟了歐洲教會與世俗政權之紛爭，也導致羅馬教宗與法國、神聖羅馬帝國皇帝之間的矛盾與衝突，歷時長達八百年。對義大利歷史而言，這段時期由於教宗依附外力，加上外國勢力在此缺乏根基，使得地方政權得以坐大，或相互結盟，或拉攏外國，造成政治亂象。

第一節　歷史變遷

西羅馬皇帝於 476 年遭日耳曼人驅逐下臺之後，義大利的統一局面不再，北、中、南部各有其主。北部局勢較為複雜，可以分兩期討論，第一期為日耳曼部族爭鬥時期，西羅馬帝國滅亡之後，先後入主的有西哥德人、東哥德人、拜占庭的東羅馬人、倫巴人。第二期是教宗與法國和神聖羅馬帝國的互動，影響義大利情勢長期處於動亂不安之中。中部地區為教宗國天下，十二到十三世紀聲勢最盛，至中古後期，才因宗教大分裂 (Great Schism) 而勢衰。南部則先後受到諾曼王國 (Norman Kingdom)、神聖羅馬帝國霍亨斯陶芬 (Hohenstaufen) 家族、法國安茹王室 (Anjou) 及西班牙亞拉岡王室 (Aragon) 控制。

一、日耳曼人入侵下的義大利（476～800 年）

476 年後日耳曼族中的西哥德人首先入侵義大利，以後東哥德人、倫巴人相繼進入，其中以倫巴人的威脅最大。

㈠東哥德人統治時期

西羅馬滅亡之後，義大利即落入西哥德國王奧多亞塞 (Odoacer) 的控制之下，488 年東哥德國王狄奧多里克 (Theodoric) 在東羅馬皇帝的要求之下，討伐佔據義大利的西哥德王國，493 年率軍抵拉文納，

擊敗奧多亞塞。狄奧多里克因其父親與拜占庭皇帝締盟之時，被充作人質，繫留君士坦丁堡宮廷，因此在擊敗西哥德人之後，據地自稱為義大利國王，並將拉文納定為義大利東哥德王國的首府所在地，開始東哥德人在義大利的統治。

狄奧多里克原先想透過聯姻方式團結日耳曼各國，與東羅馬帝國維持均勢，他娶了法蘭克國王克洛維 (Clovis) 的妹妹，試圖透過聯姻，擴充力量。然而他在 526 年去世後，東哥德王國即因信奉發生阿利安教義與羅馬天主教教義間有關三位一體的衝突，以及繼位人選不確定等問題，而漸趨衰弱。527 年查士丁尼一世 (Justinian I) 出任拜占庭❶皇帝，535 年派大將貝里薩留 (Belisarius) 出征義大利，佔領西西里，540 年從東哥德

❶拜占庭即君士坦丁堡，為東羅馬帝國的首都。羅馬自分裂為東西兩半之後，西羅馬滅亡，東羅馬理當承續羅馬的地位，但因教會爭取領導權的關係，羅馬自許為正統，稱東羅馬政體為拜占庭帝國。

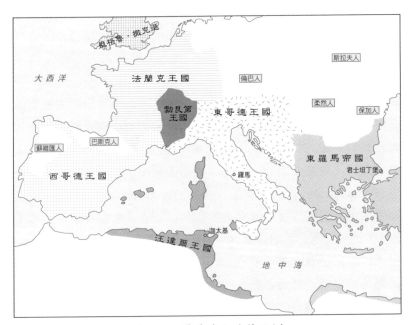

圖 9：西羅馬滅亡後的歐洲

人手中奪回拉文納。後來又派遣大將納瑟斯 (Narses) 進擊東哥德國王，554 年結束了東哥德人對義大利的統治。但納瑟斯統治義大利為時短暫，不久即被倫巴人趕走，進入倫巴人的統治時期。

(二)倫巴人統治時期

倫巴人為日耳曼部族一支，是最後一批南遷的族群，五世紀時住在易北河及多瑙河之間，後遭阿瓦 (Avar) 遊牧民族驅趕，於 568 年佔據今日義大利北部的倫巴底 (Lombardy)、維內托 (Veneto)、托斯卡尼等地。以後又佔領義大利南部地區，在帕維亞 (Pavia) 建立都城，此時拜占庭帝國仍轄有羅馬、拉文納、義大利東海岸地區、西西里及義大利南端。倫巴人儘管在名義上擁有了義大利，但事實上，有效治權僅限於北部地區。751 年倫巴人攻陷拜占庭控制的拉文納地區，威脅教宗所統治的羅馬城，迫使教宗向法蘭克人親近，試圖藉由法蘭克人勢力趕走義大利北部的倫巴人。774 年法蘭克加洛林王朝 (Carolingian dynasty) 的查理曼擊敗義大利半島北部的倫巴人，加洛林王室從此領有此地，至九世紀為止。但倫巴人仍保有義大利南部地區。

二、教宗與神聖羅馬帝國爭鬥

800 年後義大利的歷史走入分裂動盪的局面，究其原因與教宗的地位有關。教宗自西羅馬政權旁落之後，處境堪虞，西哥德人、東哥德人入侵為時短暫，未構成重大威脅，但倫巴人不然，危及教宗安全。教宗為求自保，拉攏法蘭克人，採以夷制夷策略，授予法蘭克國王丕平三世 (Pepin III) 為「羅馬教會的保護人」(protector)，後獲回贈領地。800 年教宗再加冕查理曼為羅馬人的皇帝，確立了教宗在世俗政權中的「政治」地位。至十世紀中葉，法蘭克王室式微，義大利局勢混亂，教宗請求德意志的薩克森王室 (Saxony) 予以援助，及加冕奧圖一世為神聖羅馬帝國皇帝，開始了教宗與神聖羅馬帝國的互動，也造成教宗國、法國與神聖羅馬帝國間的三角矛盾關係。

有關此一時期的歷史發展可以從教宗國的出現說起。

㈠中部教宗國

　　教宗原是羅馬教區的主教，彼得的繼承者，地位高於其他教區的主教，自羅馬皇帝遷都君士坦丁堡，不再居住羅馬。西羅馬帝國衰亡之後，教宗開始關心自身安危，並與日耳曼部族展開互動，促使教宗的重要性日漸提升。

　　452 年匈奴人南下進犯義大利，教宗利奧一世 (Leo I) 勸退匈奴領袖阿提拉 (Attila) 停止向羅馬進軍，贏得聲望。600 年教宗格列哥里一世 (Gregory I) 則在轄地建立了中央行政制度，為日後的教宗國 (Papal States) 奠定了基礎。但直至倫巴人入侵義大利後，羅馬教宗權力始大幅擴張。自格列哥里三世 (Gregory III) 當上教宗之後，倫巴國王阿斯托爾富就向教權挑戰，進佔拉文納。751 年教宗聖扎加利 (St. Zachary) 為對抗倫巴人，與法蘭克王國國王丕平三世達成協議，支持其篡位稱王，以換取其保護義大利。同年紅衣大主教為丕平三世塗膏油、戴王冠，開創了加洛林王朝。按傳統，國王只須紅衣大主教加冕即可，但若由教宗親自加冕，則更能服眾。753 年，倫巴人再次入侵，教宗史蒂芬二世 (Stephen II) 遂親自前往法蘭克王國求援，並為丕平加冕。丕平為了回報，兩次出兵義大利，擊敗倫巴人，756 年更將被倫巴人佔領的拉文納地區獻給教宗，史稱「丕平的獻禮」(Donation of Pepin)，從此確立了「教宗國」在義大利的地位。

　　雖然「丕平的獻禮」擴大了教宗統治的區域，但立足於法蘭克國王贈送的土地上，也意味著教宗附屬於法蘭克王國。為了解決此一困境，教宗偽造了一份文獻，宣稱四世紀時君士坦丁大帝已將西方各省交由教宗統治，史稱「君士坦丁的獻禮」(Donation of Constantine)，如此便可與法蘭克王國切割，並彰顯其至高無上的權力。

　　丕平三世死後，查理曼繼位。教宗與倫巴國王德西德里烏斯不合，查理曼協助教宗將德西德里烏斯押往法國，並去羅馬拜訪教宗，而被「加冕」為皇帝，從此教宗擁有推選皇帝的權力。查理曼在位期間，重劃了義大利行政區，讓倫巴人保有原來居住的地方，名為倫巴底，

原屬拉文納總督管轄之地名改稱羅馬尼
阿 (Romagna)。將他的兒子封為義大利
王。其餘的土地歸東羅馬皇帝管轄。

　　帕斯卡爾一世 (Paschal I) 於 817 年
當選教宗之後，羅馬各教會神職人員由
於接近教宗並出席選舉教宗的儀式，自
封為「樞機主教」。從此由「樞機主教」
選舉新教宗成為一項歷史傳統。

　　814 年，查理曼過世，傳子路易，
再傳下一代時，即因三兄弟鬩牆，爆發
內戰。843 年簽訂「凡爾登條約」(*The
Treaty of Verdun*) 後，三兄弟分家，各據
一方，分別是禿子查理 (Charles the
Bald) 的西法蘭克、日耳曼路易 (Louis
the German) 的東法蘭克、洛泰爾一世
(Lothair I) 的中法蘭克。東法蘭克兼領了
在義大利的版圖，由於權力基礎不穩，
義大利北部政局混亂，神聖羅馬帝國乘

圖 10：查理曼大帝

虛而入，但帝國統治者霍亨斯陶芬家族與其對手的權力傾軋，給予教
宗在義大利擴張領地的良機，先後佔領了史波雷托公國 (Duchy of
Spoleto)、安科納市的邊界 (March of Ancona)、羅馬尼阿區等地。法蘭
克統治者曾於八世紀時將許多義大利中部土地贈送給教宗，但教宗除
了羅馬之外，對這些地區無法進行有效管理，亞平寧山以東之地處於獨
立狀態。1115 年托斯卡尼公爵馬西爾達 (Matilda of Tuscany) 去世，領
地贈予教宗，但教宗亦無法有效治理。1198 年教宗英諾森三世 (Innocent
III) 就職後即開始對教宗地展開整頓，並設立教區牧師以便有效管理。

　　羅馬教宗之所以會受到尊敬是由於他們的神聖生活與所顯現的奇
蹟和高尚言行，感化各地君王加入教會。因此自羅馬帝國國政日益衰

敗，遭受外力入侵後，教會勢力就加速成長，但仍臣屬於皇帝或國王之下，為國王執行任務，神職人員有時還被國王處死。倫巴人入侵義大利，將全境劃分為許多部分，教宗協助維持秩序，獲得較大的行政權力，而成為羅馬的實際行政首長，倫巴人及君士坦丁堡皇帝都十分尊重他。但教宗的干政也為義大利造成災難。幾乎所有日耳曼部族在義大利境內進行的戰爭，都是由教宗們引起的，在義大利全境氾濫成災成群結夥的日耳曼部族，一般也都是由教宗招進來的。總之教宗首先用申斥的辦法，後來又用武力，夾雜赦罪的辦法，讓自己逐步成為一位令人敬畏的人物，但也因為濫用這種辦法，依靠別人的意願，幫助他們進行戰爭，而喪失了影響力。

㈡神聖羅馬帝國

神聖羅馬帝國象徵基督與羅馬的結合，自西羅馬滅亡之後，教宗地位岌岌可危，鑑於本身只有精神的領導權，沒有世俗的實權，因此只能透過加冕的方式來展現其影響力，並以此駕馭世俗政權，從而促成神聖羅馬帝國的出現。

1.源　起

神聖羅馬帝國的前身為東法蘭克王國。東法蘭克因馬扎人、斯拉夫人、諾曼人等外患壓境，統治者不得不授權地方擁有兵權，導致地方勢力坐大。911 年地方王公選法蘭科尼亞 (Franconia) 的公爵康拉德一世（Conrad I，911～918 年在位）為東法蘭克國王，919 年推選薩克森公爵亨利一世（Henry of Saxony，919～936年在位）為國王，定下國王由選舉產生的慣例，開啟了薩克森王朝（Saxons，919～1024 年），稱之為德意志❷人的王朝。936 年其子奧圖一世被選為國王，962 年被

❷德意志 Deutsche 這個字原文是拉丁化的日耳曼語 thiutisk，這個字是指與拉丁語和斯拉夫語相對的一種語言，也就是日耳曼人的一種方言，以後用來指東法蘭克王朝境內說德意志語言的部族。

教宗約翰十二世加冕為「羅馬帝國皇帝 (Romanum Imperium)」，從此神聖羅馬帝國誕生。❸ 嚴格說來，它不是一個統一的政權，而是各公國、侯國、伯國、教會所在地及自治市的結合。

1125 年霍亨斯陶芬王朝起而代之，1273 年哈布斯堡家族的魯道夫一世（Rudolf I，1273～1291 年）成為神聖羅馬帝國皇帝，哈布斯堡王朝 (Habsburg) 崛起，未幾統治權落入盧森堡王朝 (Luxembourg) 手中，至 1473 年又重返哈布斯堡家族。從此到 1806 年神聖羅馬帝國滅亡，除了四年為外人掌政外，其餘皆在哈布斯堡家族手中。

2.與教宗的衝突

查理曼死後，中法蘭克王國國王洛泰爾一世承繼了義大利的統治權，帝號查理一世，以後的義大利王位，則多由法蘭克加洛林王室女系方面的家族出掌，其間偶爾也有篡位情形，但都無法長期統治。由於中樞無能，地方政府及城市自主性提高，並尋求獨立。951 年統治義大利的倫巴國王洛泰爾二世 (Lothair II) 遺孀阿德來得 (Adelaide of Lombardy) 反對伊夫雷亞 (House of Ivrea) 的國王貝倫加爾二世 (Berengar II of Ivrea) 承續王位統治，請求奧圖一世派軍討伐。奧圖發兵，軍事順利，穩定了亂局，並娶了阿德來得，成為義大利國王，將義大利併入神聖羅馬帝國。由於德意志國王或皇帝在義大利的權力缺乏基礎，只能仰賴當地貴族、強大的城市及教宗的勢力，以維持其勢力。於是奧圖一世積極拉攏教宗，利用王產、封邑、教會，授予司法、徵稅、造幣等特權。同時為了阻止境內諸侯（特別是巴伐利亞 [Bavarian] 和史瓦本）蠢動，積極推動義大利政策。教

❸ 郭恒鈺先生則認為 962 年奧圖被教皇加冕時是「羅馬帝國」皇帝，1155 年腓特烈一世 (Frederick I Barbarossa) 被加冕為皇帝後才有「神聖羅馬帝國」這個名稱，1512 年才真正成為帝國的名號。有關說明請參看郭恒鈺著，《德意志帝國史話》。

宗此時亦因在義大利的政治地位不穩，得仰賴奧圖一世，雙方利害一致，962 年達成協議，奧圖一世在羅馬接受教宗加冕為帝，成為「羅馬帝國皇帝」。從此帝國與教宗的關係更趨複雜，當帝國皇帝是位強人時，教宗地位難保，不是被廢，就是被趕，然後讓自己人作教宗，給予加冕。如果教宗能力強，帝國皇帝不是被免，就是遭破門（開除教籍）。

十一世紀神聖羅馬帝國皇帝與教宗關係出現緊張狀態，其關鍵在俗人授職 (investiture) 問題，以格列哥里七世 (Gregory VII) 及英諾森三世兩位教宗時衝突最嚴重。1075 年格列哥里七世為擴大教權，宣佈教宗是上帝的代理人，是基督世界的最高統治者，取消世俗君王的主教敘任權，並以《教宗詔令》(Dictatus Papae) 處置不服從的皇帝。亨利四世不服，召開帝國會議，決議罷黜教宗，格列哥里七世立即處以「破門律」。亨利四世不得已於 1076 年請罪，1077 年得到教宗寬恕，收回「破門律」。此即歷史上有名的「卡諾薩請罪」(Canossagang)。1198 年英諾森三世出任教宗，教會勢力獲得更大的擴張。與其他教宗不同的是，英諾森三世出身律師，精通法律，善於處理國際關係，得以讓英國、法國、神聖羅馬帝國皆承認教會的崇高地位。

1302 年教宗波尼法斯八世 (Boniface VIII) 因反對法王腓力普四世對教士課稅，強調教權至上，而遭放逐。此後接任的教宗大多噤若寒蟬，從而喪失了世俗的權力。此事件標識教權的下降，也為日後的宗教改革埋下了伏筆。

1305 年，法國波爾多大主教被選為教宗，稱為克萊門五世 (Clement V)，支持其當選的法王腓力普四世為能控制教廷，迫使教廷遷往法國的亞威農，教宗成為法王的禁臠，這段時期稱為「巴比倫幽居」(1309～1377 年)。1378 年，教宗格列高里十一世排除萬難，終於重回羅馬，但不久後去世。烏爾班六世 (Urban VI) 繼任，另一派則選出克萊門七世 (Clement VII) 為教皇，遷往亞威農地區，彼此爭奪正統，形成教會大分裂 (Great Schism, 1378～1417 年)。由於雙方互不相讓，

圖 11：此圖繪於十三世紀中。描述西元四世紀時，君士坦丁大帝（右二）對教宗西爾韋斯特（右三）的禮遇。可能是當時教宗要求教權尊於王權的隱喻。

神聖羅馬帝國皇帝於比薩 (Pisa) 召開會議宣佈兩位教皇當選無效，再另選新教宗，但前二者皆拒不承認，形成三位教宗的尷尬局面。1414 年神聖羅馬帝國皇帝再召開康士坦茨會議 (Council of Constance)，廢除三人職務，1417 年另選馬丁五世 (Martin V) 為教宗，重新統一了教會。

㈢**義大利的情勢**

　　義大利的情勢可以分南北兩面說明。北部政權原為加洛林王室所控制，962 年奧圖一世被加冕為皇帝後，義大利即與神聖羅馬帝國合併。由於神聖羅馬帝國在此地權力基礎不穩，使得當地原有的王公、侯國得以擁有相當自治權，有些發展為共和政體，有些淪為家族的統治，所謂國家不過是指一個城市或城市的組合。

　　奧圖一世死後，二世繼位，軍事上受挫於阿拉伯人，加上斯拉夫人騷動，影響其在義大利的地位。二世死後因繼位問題，政局不穩，致使義大利國王或神聖羅馬帝國皇帝更加依附當地大貴族或有權勢的城市或教會，導致王室威望日衰，地方勢力抬頭，義大利因而發展出

許多獨立的城邦。神聖羅馬帝國於 1155 年轉入霍亨斯陶芬王室家族之手，腓特烈一世（Frederick I，1122～1190 年）綽號「紅鬍子」(Barbarossa)，在位期間六次遠征義大利北部，撤換了八位教宗，宣稱擁有義大利土地，並大肆徵稅，引起義大利北方城市組成倫巴聯盟 (Lombard League) 與之對抗。1176 年腓特烈一世在萊尼亞諾一役 (Battle of Legnano) 被擊敗後，簽訂「威尼斯條約」(Treaty of Venice)，承認教宗在羅馬的權力。之後雙方停戰六年，此間仍不斷協調溝通，至 1183 年再簽「康士坦茨和約」(Peace of Constance)，腓特烈一世正式承認倫巴城市的自治權。

十二至十三世紀，法國與英國陷入百年戰爭的困擾中，且神聖羅馬帝國關心它在德意志的權力爭奪，給予義大利統一的良機，但由於教宗的私心使得統一工作無法完成。而盧森堡的亨利七世 (Henry VII) 孚獲眾望，本有希望整合北義大利，可惜英年早逝（1313 年辭世），好夢成空。此後義大利北部正式分裂為許多小城邦，黨派及家族之間的惡鬥不止。各城邦將權力交付給一位強而有力的「郡主」(city lord)，有的來自貴族的家庭，如費拉拉 (Ferrara) 的埃斯特 (Este)、曼圖亞 (Mantua) 的貢薩加 (Gonzaga)、米蘭 (Milan) 的維斯孔蒂 (Visconti)；有的來自富裕的中產階級，如佛羅倫斯 (Florence) 的麥第奇 (Medici)。這些郡主有些將他們的統治權擴展為世襲的名銜，使得義大利的城市共和國 (city-republic) 成為重要的政體。各共和國的郡主為擴張領地，往往雇用傭兵 (condottieri) 替他們作戰。而傭兵領袖也趁機坐大，建立自己的勢力範圍，如斯福爾札 (Sforza) 就藉此於 1450 年繼承了米蘭的維斯孔蒂。此後法國與神聖羅馬帝國的情勢開始穩定。法國由瓦盧瓦王室 (Valois) 主政，神聖羅馬帝國則由哈布斯堡家族當家，對義大利造成不一樣的影響。

南部情勢較北部複雜。自西羅馬滅亡之後，先後有許多外族入侵，散居各地，建立據點。包括倫巴人所建立的公國、拜占庭帝國殘存的據點、阿拉伯人佔領的西西里及普里亞、諾曼人佔領的地區。諾曼人

為來自北歐的維京人，來此是被招募充當傭兵，但不久即取得權力。教宗為確立其在南部的地位及影響力，積極拉攏諾曼人，1059 年冊封諾曼人出任首長，激勵諾曼人從阿拉伯人手中奪回西西里，從拜占庭帝國及地方政權手中取得阿布利亞 (Apulia) 及卡拉布里亞 (Calabria)。1139 年任命羅傑二世 (Roger II) 為國王，建立西西里王國，統治整個義大利南部。

　　1139 年後，西西里進入外國兼領時期，歷經法國安茹王朝、西班牙的亞拉岡、西班牙、奧地利、薩伏依和波旁王朝的統治。1194 年羅傑二世的女婿亨利六世 (Henry VI) 出任西西里國王，後傳位給其子腓特烈二世 (Frederick II)。腓特烈二世就位後原希望鞏固在義大利的權力，但遭倫巴城市當局反對，並被教宗逐出教會。於是他轉戰義大利南部，1189 年血腥鎮壓在山區的伊斯蘭教殘餘部眾，從 1220 至 1246 年間，摧毀了西西里島上的伊斯蘭教團體。腓特烈二世才華出眾，被譽為「才子」(wonder of the world)，重視西西里，自覺在西西里所獲得的殊榮超過在神聖羅馬帝國北區，甚至自己的家鄉。腓特烈二世死後，其子康拉德四世 (Conrad IV) 登基，繼續與教宗鬥爭。

　　1254 年康拉得四世去世，其私生子康拉丁統治西西里，但腓特烈二世次子曼弗瑞德，也就是康拉丁的叔父並不同意，圖謀篡位。教宗為了要鏟除霍亨斯陶芬王室的權勢，乘機宣佈奪權於法無據，不予承認，將西西里王位授予法國國王路易九世。路易九世請其兄弟，來自安茹的查理一世 (Charles I of Anjou) 治理。查理一世擊敗曼弗瑞德及康拉丁，結束霍亨斯陶芬王室在南義大利的統治。

　　之後查理一世的法國政府向西西里徵收高稅，引起地方反抗，1282 年爆發西西里晚禱 (Sicilian Vespers) 事件。亞拉岡國王詹姆士一世 (James I) 的兒子彼得三世 (Peter III) 征服西西里，從此義大利南部與西西里分為兩個國家，西西里歸亞拉岡國王統治，義大利南部那不勒斯則仍由法國安茹王朝治理。

第二節　黑死病的衝擊

　　義大利在教會主導、外力干預之下，歷經了近千年的歲月，至十四世紀遭逢前所未有的災難，較之過去的軍事征戰、經濟不振有過之而無不及，它改變了義大利的政治與經濟、社會結構，開啟了義大利歷史的新頁。這就是令歐洲人聞之色變的黑死病 (Black Death)。

　　黑死病是由桿菌引起的一場瘟疫，它存在動物血液、跳蚤身上，或松鼠、老鼠的毛髮中。其病兆是病患的腋下、鼠蹊部或頸項出現一粒像花生或蘋果一樣大小的癤，如果癤可以刺破，膿流出，病人即可獲救。如果不能刺破，即面臨死亡。通常患者的皮膚會出現黑斑或紅疤，伴隨劇咳、吐血，二、三天後死亡。由於當時醫學水平不足，治療方法粗糙，甚至將之歸於神明懲罰，導致瘟疫傳送速度驚人。

　　黑死病源於何地，迄今依然不詳，僅止於推測。有學者主張來自中國或中亞，經軍人或商人傳送至各地，也有的主張來自俄國南部，

圖 12：那不勒斯的瘟疫

說法不一，但可信的是，它是經由克里米亞傳至地中海再抵達西歐。而義大利商船航行於地中海，被視為是傳遞的幫兇。1347年義大利船隻將瘟疫傳至西西里的美西納 (Messina)，1348年傳入威尼斯及熱那亞 (Genoa)，再由比薩傳至羅馬、佛羅倫斯及托斯卡尼，進而傳入歐洲其他地區，造成重大浩劫。據統計，義大利人口損失最多，佛羅倫斯在五年之內由十一萬四千人減為五萬人，死亡超過一半，甚至達到三分之二。

黑死病對整個歐洲經濟及社會造成重大衝擊，有負面，有正面。人口巨額減少自然影響社會生態，改變人對生命的態度，造成教會力量減弱，城市地位提升，商業日趨繁榮，中產階級力量擴增，因而刺激義大利走向文藝復興。

第三節　文化表現

義大利自西羅馬滅亡之後，政治混亂，文化倒退，傳統古典文化失色。隨著基督宗教的興盛，出現了與古典文化風格迥異的基督文化，其中以教堂建築與裝飾、神學體系的建構、大學的興起最為後人推崇，為西方文化開創了新的一頁。

首先是摧毀古典文化，其中最值得一提的人物是米蘭大主教聖安布羅斯（Saint Ambrosius，339～397年）。他奠定了教會在義大利及西歐的統治權。聖安布羅斯出身義大利官宦世家子弟，官運亨通，三十多歲出任米蘭總督，後被選為米蘭大主教。為增進教會與羅馬皇帝的關係，他利用其政治權力推展基督宗教，並打擊異教，搗毀神像神廟、沒收廟產和金銀財寶，並禁止古典宗教節慶活動，特別是與神話和神廟有關的希臘、羅馬文藝作品和體育運動。進而查禁古典文化圖書典籍、藝術文物，拆毀各地廟堂會館，改建為基督教堂。古典神像、人像，如裸體的女神像維納斯，遭到破壞，埋入地下；圖書館、體育館關門，奧林匹克運動會停辦。隨著對古典文化的整肅，基督文化開始

抬頭。

　　基督文化的發展從君士坦丁承認基督宗教為合法宗教後即展開。在君士坦丁宣佈之前，基督宗教是被迫害的宗教，只能從事地下活動，所留下的遺物，除了教會人士祕密傳送的宗教文書和少數神學著作外，只有羅馬地下墓穴和壁畫殘跡。從地下墓穴可以看出，墳墓結構很簡陋，墓穴殘留下的壁畫筆法、風格與羅馬藝術接近。

　　其次是教堂的建築，它是此一時期文化的寫照。君士坦丁之後，基督宗教公開活動，信徒以教堂建築展現基督文化的精神。君士坦丁大帝大肆建築教堂，重要的代表有三座：聖約翰教堂（義大利文為聖喬凡尼 San Giovanni）、聖彼得教堂、聖保羅教堂，以後歷任教宗亦致力整修及營建，增加四所大教堂：聖馬利亞大教堂 (Santa Maria Maggiore)、聖十字教堂 (Santa Croce in Gerusalemme)、聖勞倫索 (San Lorenzo) 和聖愛妮斯 (St. Agnes)，合稱為羅馬七大聖堂。這些教堂建築雖然沒有任何羅馬神廟和古典雕像的痕跡，但卻借用了羅馬會堂的型式。基督教徒認為羅馬會堂是集會場所，與古典文化關係不大，會堂適合教徒集會禮拜，因此採用羅馬會堂形式作為教堂建築的藍本，加以改良而成。這種會堂式建築，由一主廳及兩側廳或四側廳構成，主廳高，側廳低，廳內用柱子支撐。祭臺另闢為一橫廳，與主廳形成十字交叉，祭臺上放著十字架、燭臺、聖杯、《聖經》。主廳與橫廳之間有一大拱門，稱為凱旋門。整個結構採用保守的木構型式，用木樑支撐，直至十世紀後才採用石砌拱頂。

　　教堂的內部與外觀所呈現的與古典正好相反。古典寺廟重視外部造型，基督教堂則外表樸實，內部華麗。教堂牆面以鑲嵌畫（又稱為馬賽克，羅馬時期就已有，多用於地板裝飾。質堅價昂，經久耐磨，閃閃發光，出奇入幻。）代替壁畫作為主要的藝術表現，嵌塊以彩色玻璃和珍貴石料製成，呈三角形或多角形，能反射光亮，有時還配以黃金珠寶。畫面有上帝創造世界的神話，以色列人的歷史和耶穌的生平故事，顯現基督宗教重視內在靈魂的精神。這些圖畫依照教會的要求，

圖 13: 聖彼得教堂

　　放棄古典寫實的手法，力求簡單，以交代故事情節為主。突顯了基督
文化的基本風格：抽象化、程式化。

　　　發展至十一至十二世紀義大利的教堂風格走入羅馬式。羅馬式風
格來自西歐各國，特別是法、德兩國，他們擺脫傳統，尋求新方向。
義大利在外來文化的影響之下，也開始羅馬式的建築。首先是改變了
早期基督宗教門面樸實無華的型式，教堂直接面對大街與廣場，大門
前有柱廊、拱廊，門面牆也用多層樓廊裝飾，柱拱如林，雕飾精美。
堂內主廳維持木構屋頂，但側廳改用石造拱頂，甚至有些主廳也採用

圖 14：比薩大教堂與比薩斜塔

石造拱頂，反映了羅馬式建築的特色。

　　其中，最受到世人矚目的是比薩大教堂，以及它的鐘樓比薩斜塔。比薩在十一世紀是地中海邊頗富盛名的海港城市，1063 年比薩海軍曾擊敗阿拉伯艦隊，為了紀念這次戰功，當地商旅決定興建一座教堂獻給聖母。教堂設計外表美觀超過內部，是典型的羅馬式構圖。繼教堂完工之後，在教堂東南建一鐘樓，不採用傳統的方形外觀，改採圓形外觀。整個圓塔有六層拱廊圍繞。動工不久，地基突然陷落，呈現明顯的傾斜，經過調整，塔雖斜但不會倒。1246 年拱廊完工，1350 年鐘閣完工，聞名世界的斜塔便聳立在「奇蹟廣場」(Piazza dei Miracoli)。

　　十三世紀歐洲建築進入哥德式階段。哥德式一詞原意為日耳曼部族的建築樣式，首先出現在法國，以後傳入義大利。義大利最早出現的外來日耳曼部族為哥德人，故稱之為哥德式建築。哥德式建築把羅馬式的拱頂結構發揮到極致，採尖拱和肋拱的十字拱頂，彩色玻璃窗，廳堂建得非常高，光影效果好，表現出一種神祕感。但為時不久，義大利就進入文藝復興時期。

第三是基督神學，主要的代表人物有聖奧古斯丁（Saint Augustine，354～430 年）和聖托馬斯・阿奎那（Saint Thomas Aquinas，1225～1274年）。聖奧古斯丁生於北非，幼年環境不好，後前往迦太基求學。383 年至羅馬，387 年到米蘭，閱讀聖保羅所寫的《羅馬書》後，受洗為基督徒，致力維護正統基督宗教，總共出版了九十三本書籍及論文。他建立了西方教會的神學體系，強調上帝是真理，教會是上帝之城在人間的體現，人只有靠上帝的恩典和教會的指引才能獲救。他在《上帝之城》(*City of God*) 一書中指出，歷史顯示人有兩種，一種人住在情慾的巴比倫之城 (City of Babylon)，接受地獄之火考驗。一種人住在精神的上帝之城 (City of God)，沐浴喜悅之中。由於亞當墮落及人類有犯罪傾向，才有國家出現，國家是必要之惡。基督徒可以在上帝之城追求和平、正義及秩序。除了神學之外，聖奧古斯丁的自傳《懺悔錄》(*Confessions*) 受到世人重視。這本書描寫他的知識與感官和物質慾望的衝突情形，透露一個人的道德感建立的心路過程。藉由懷疑人知道善可以行善的古典文化教條，而建構出信仰上帝才能行善的理論。

聖托馬斯・阿奎那出身世家，早先在那不勒斯大學就讀，以後到巴黎大學深造，終身鑽研神學。擔任過巴黎大學神學教授，也做過教廷神學顧問，是十三世紀的重要神學家，其《神學大全》(*Summa theologica*) 一書，被奉為基督宗教經典之作，獲得聖徒的殊榮。聖托馬斯・阿奎那的神學體系是將信仰萬能、神恩至上的說法與古典哲學結合，以哲理來論證教條，強調理性與神學的關係，特別是邏輯的思維。他將三段論法 (syllogism) 視為一切知識之鑰匙，相信只要方法嚴謹，用字精確，人的理性就能發揮所有的潛能。並據此來說明第一因、終極原理、必然歸宿、至善論以及上帝存在的必要性。因此他的學說成為經院哲學 (Scholasticism) 的代表。

第四是大學的興起。日耳曼民族入侵歐洲，羅馬文化傳承中斷，教會負起教育的重責大任，修道院及教區學校由培養傳道人士，到抄書保存古籍，並開始從事教育工作。他們研究《聖經》及教會文獻，

並辦大學。歐洲第一所大學就辦在義大利的波隆那 (Bologna)，以法律聞名，開啟歐洲大學之風。大學規劃的課程有七藝：文法、邏輯、修辭、算術、幾何、天文、音樂，奠定了後來的課程基礎。大學的上課方式以及學位的授予一直沿用迄今，以成人（學士：bachelor）、主人（碩士：master）、救人（博士：doctor）三種精神作為頒授學位的依據。

小　結

從西羅馬滅亡到十四世紀，義大利的情勢急轉直下，由雄霸三洲的大帝國成為一個分崩離析的亂局，所顯現的歷史意義令人感慨萬千，形勢使之然？抑或人謀不臧，各有所見。

這段時期，義大利歷史的特色在於教宗與世俗政權的互動。羅馬自接受基督宗教為國教之後，即因日耳曼人入侵而滅亡，但羅馬的精神卻因基督宗教而倖存，「天上王國」取代了「地上王國」的職權，「加冕」成為權力的基礎。從查理曼起，日耳曼各王國與羅馬教宗的互動即成為歷史活動的重心。儘管這段期間兵戎交戰，局勢不穩，但義大利的文化並未完全空白，大學的興起、哥德式藝術的發展皆為義大利留下許多豐富的文化內容。

第四章
文藝復興時期

　　十四至十六世紀，義大利進入了一個嶄新的時代，即古典文化的再生，歷史上稱之為「文藝復興」(Renaissance) 時期，其實將它視為「人文運動」，更為貼切。這個時期的政治、經濟、文學、藝術皆走出了中古教會文化的侷限，從希臘、羅馬文化中找回人的尊嚴與價值，奠定了西方文化後來朝「人文」的方向發展。從歷史的省察，「文藝復興」之出現，特別在義大利地區有不同於歐洲其他國家的歷史條件：政治不穩定，城市快速發展，穆斯林勢衰，海上商業活動增加，中產階級致富等，這一切都促進了對「人」的重視，強調「人文」的啟迪大於「神明」的啟示，開啟了「人」類歷史的新頁。

　　探討義大利文藝復興前必須澄清一個問題，文藝復興究竟是動機還是目的，換言之，文藝復興是少數人的理念，還是情勢發展使然？從贊助人的類別可以看出，它是教宗與城邦王公的成就。教宗弘揚基督宗教的教義及營造墓園，帶動藝術創作；世俗的王公則在教堂之外尋找羅馬古蹟，作為其權力的象徵。兩者在追求權力的共同基礎之上，激勵了古典文化的再生。因此文藝復興不應當是原因，而是結果，其影響擴及到人文運動的興起。故若要探究文藝復興的內涵，必須對此一時期的歷史有所了解。

第一節　歷史變遷

　　十四世紀以來義大利政治版圖出現重大變化，大而富裕的城市國家崛起，獨立的教會社區逐漸消失。至十五世紀，隨著軍事技術進步，軍隊作戰能力提升，職業軍人出現，威尼斯、佛羅倫斯等地的統治者紛紛向外擴張。這段期間義大利各地區的政治勢力掌握在強大的家族手中，家族鬥爭、政治暗殺、國家間零星的戰役層出不窮，造成義大利政治動盪不安，暴力頻傳。由地方王公、貴族所建立的政權，在纏鬥不已、互不見容的情況下，合縱、連橫是常態，昨天的敵人，可能就是明天的盟友。各地方軍隊轉戰各地，但皆無法獲得有效統治，只能取得短暫利益，如在費拉拉的埃斯特，在米蘭的斯福爾札，南部西西里的亞拉岡國王，那不勒斯的安茹國王。十六世紀法國與神聖羅馬帝國爭奪霸權，導致義大利北部成為國際戰場，教宗為擴大世俗權力，立場搖擺，更增加局勢的混亂。總之，義大利各王公侯國此時成為教宗與皇帝之間的夾心餅。

　　除了政治之外，這段期間義大利的社會結構也出現重大轉變。受到十字軍東征影響，義大利出現許多靠貿易致富的中產階級。在歐洲中古時代，小商人經營的多半是零售業，提供國內消費，現在銷售的對象是遠方的商人，風險增加，促使大商業興起。義大利商人組織合夥營業公司，並在地中海、黑海、法國、英國和尼德蘭設置分行，商業活動由生活需求轉變為追求利潤和累積財富。個人經濟行為轉化為商業經濟制度，現金交易發展為信用交換。資本的運作使得義大利商人開始從事放款和銀行事業，貸款和放款的發展不再只是單純的高利貸事業，更成為國際貿易及公共財政上不可少的制度。義大利商人有效的支配利潤，在十三至十五世紀壟斷了歐洲銀行。這批靠利潤致富的商人，創造出一套新的商業操作手冊，強調資本和信用，資本主義於焉誕生。

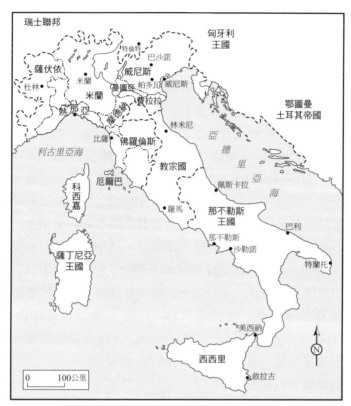

圖 15：1500 年時的義大利

一、政治組織

　　自十三世紀起，義大利北部及中部地區由於神聖羅馬帝國霍亨斯陶芬家族子嗣中斷，權力中空。教宗移居法國亞威農，教會出現分裂情形，義大利南部由法國的安茹王室統治，那不勒斯與來自西班牙亞拉岡王室統治的西西里展開戰爭。德意志諸王公及神聖羅馬帝國皇帝面對前所未有的權力爭奪戰，無法兼顧義大利，值此混亂之際，義大利北部城市逐漸脫離諸侯的束縛，開始擴張權勢，形成一股新的政治力量。城市為了擴展勢力，團結力量，組成城市同盟。這種以城市為

基礎的政治結構，可以分為公國、共和國以及依附外國的王國等三種型態。

1.米蘭 (Milan)

位於義大利北部，早期為一封建公國，有「新雅典」稱號。十一世紀發展成一個城市團體，十二世紀因反抗神聖羅馬帝國，獲得獨立地位。不久爆發斯福爾札及維斯孔蒂兩大家族爭權，後維斯孔蒂家族取得統治權。1386 年米蘭國君加萊阿佐·維斯孔蒂（Gian Galeazzo Visconti，1351～1402 年）在位，對內整頓賦稅，對外開疆闢土，國勢大增，地位可與教宗國、威尼斯、佛羅倫斯匹敵。1395 年加萊阿佐·維斯孔蒂被神聖羅馬帝國皇帝冊封為米蘭公爵 (Duke of Milan)，米蘭公國就此誕生。1447 年菲利波·瑪麗亞·維斯孔蒂（Filippo Maria Visconti，1412～1447 年在位）任內窮兵黷武，引起人民不滿，死後貴族利用民氣成立共和國。菲利波·維斯孔蒂女婿不久則雇請傭兵奪回政權，重建米蘭公國，自封為大公，1515 年被法國法蘭西斯一世 (Francis I) 征服，從此開始外力干預的政局。1525 年神聖羅馬帝國皇帝查理五世佔據米蘭，納為帝國的封土。

2.佛羅倫斯 (Florence)

位於義大利中部，早先為羅馬殖民地，由於阿爾諾河 (Arno River) 提供了水上道路，以及北方有羅馬人建立的戰略要道卡西亞公路 (Via Cassia)，因此在日耳曼人入侵之後，即成為一城市國家，以銀行業與紡織業而發達。五世紀被東哥德人統治，六世紀中葉為東羅馬所轄，下半葉則為倫巴人征服，八世紀併入法蘭克王國，962 年歸屬神聖羅馬帝國，1115 年成為獨立的城市團體，由市政領導機構治理。1187 年神聖羅馬帝國皇帝亨利六世 (Henry VI) 時，自治權獲得承認，成為獨立的城市共和國，以後向外擴張，稱霸托斯卡尼地區。

十三世紀起，因為皇帝和教宗的紛爭，使得共和國內的政黨分為支持皇帝的吉伯林派 (Ghibellines) 和支持教宗的歸爾甫派 (Guelphs)。歸爾甫派勝利後，又因內部一派主張依附教宗，一派堅持獨立，於是

分為黑黨和白黨。最終黑黨勝利，但很快政權落入麥第奇家族手中。

1434 年麥第奇家族取得政權，大力發展藝術，勞倫佐・麥第奇 (Lorenzo the Magnificent，1449～1492 年) 時盛況達到極點。在他大力支持之下，佛羅倫斯成為義大利文藝復興的重鎮。勞倫佐・麥第奇死後，1494 年麥第奇家族統治者遭驅逐，佛羅倫斯成為一神權共和國 (theocratic republic)。1512 年麥第奇家族重獲政權，直至阿烈森得羅 (Alessandro de'Medici) 被暗殺為止。1537 年，遠房

圖 16：勞倫佐・麥第奇

堂兄柯西模 (Cosimo) 取得政權，採專制統治，建立托斯卡尼大公國，自稱托斯卡尼公爵 (Duke of Tuscany)，以佛羅倫斯為首府，成為義大利北部的強國。自此麥第奇家統中斷，後雖再復辟，已欲振乏力，為神聖羅馬帝國皇帝法蘭西斯一世所有，由奧地利統治，後再接受拿破崙統治十五年，至 1861 年義大利統一為止。

3.威尼斯 (Venice)

位於義大利北部，亞德里亞海北岸，原為一個漁村，後得地理之便，成為貿易轉口重鎮。五至七世紀不堪匈奴人及倫巴人凌辱的居民紛紛抵此。687 年建立威尼斯城。早先隸屬拜占庭帝國管轄，726 年居民選出第一任總督，但只是鬆散的組織，而不是一個城市。八世紀法蘭克人入侵，住在亞德里亞海岸潟湖的居民遷到高岸地帶，即今天威尼斯的基石。十世紀與東方國家建立貿易關係，十世紀末獲得獨立，發展為商業國。十字軍東征期間，乘機吞併拜占庭帝國大片土地，包括克里特島及愛琴海上許多小島。1298 至 1382 年間與熱那亞共和國進行四次海戰，均獲勝，成為地中海與黑海地區的強國。

十五世紀起，威尼斯人口成長，經濟繁榮，擁有龐大的商船隊伍，

圖 17: 威尼斯的賽船會，源於十三世紀的木槳船賽。

製造業蓬勃，法律公正，國力強大，儼然是歐洲的強國之一。然而 1453年土耳其人攻陷君士坦丁堡，並向希臘及巴爾幹半島挺進，影響了威尼斯的戰略地位。1499 年後，更因大西洋新航路的興起，威尼斯的重要性大不如前。另外，由於義大利各國對威尼斯的強大深具戒心，也影響其發展。十六世紀初威尼斯東西強敵環伺，一面對抗西班牙、法國、神聖羅馬帝國、教宗國的聯手出擊，一面對付土耳其人，與土耳其人進行兩百多年的海戰，嚴重損傷其國勢。拿破崙帝國解體後，轉由奧地利統治。

4.熱那亞 (Genoa)

位於義大利西北部，地處戰略要地並為天然良港，原為羅馬帝國的一個自治市，西羅馬滅亡之後，先後被東哥德王國、拜占庭帝國、倫巴王國及法蘭西王國佔領。1100 年建立市議會，成立共和國。

十一世紀從阿拉伯人手中獲得控制薩丁尼亞及科西嘉島的權力，並在北非獲得貿易免稅權。以後加入十字軍東征，在地中海及黑海沿岸獲得許多特權，十三及十四世紀達到盛期，十四世紀時領土曾擴張到敘利亞、非洲北部和克里米亞半島。詩人佩脫拉克於十四世紀時稱

此地為「海上霸主」。1382 年被威尼斯擊敗，從此地位減弱。1453 年土耳其攻佔君士坦丁堡，熱那亞盛世不再。當大西洋貿易活動取代地中海之後，熱那亞地位自然更趨於低落。

5.西西里與那不勒斯

兩西西里王國 (Kingdom of the Two Sicilies) 包括西西里與那不勒斯兩個地方，面積約佔義大利全部土地三分之一。由於地理環境影響，其發展與義大利中部及北部接觸較少，多半時期為外人統治。

西西里於 1139 年發展為一王國。此地最早為迦太基人活動的據點，以後為羅馬人征服。羅馬衰亡後，汪達爾人抵此，東羅馬（拜占庭）查士丁尼收復義大利時曾派軍征服西西里，827 至 902 年間為阿拉伯人佔領，在阿拉伯人統治之下，西西里日趨繁榮，巴勒摩成為繁華的首都，擁有眾多清真寺。

十一世紀北歐諾曼人南下，教宗為控制他們，乃將統治合法化，於 1059 年封其領袖羅伯‧基斯卡 (Robert Guiscard) 為卡拉布里亞和阿布利亞公爵 (By Grace of God and St. Peter Duke of Calabria and Apulia)，其兄弟羅傑一世 (Roger I) 為西西里伯爵 (Count)。1060 年出兵西西里，1071 年攻佔拜占庭在西西里的據點，1091 年佔領全部西西里，羅傑二世於 1139 年被封為「西西里國王」(Rex Siciliae ducatus Apuliae et Principatus Capuae)，西西里王國於是成立。

那不勒斯位於義大利西南部，地理環境良好，法國與西班牙皆覬覦此地。西班牙亞拉岡王朝國王亞豐索五世，於 1435 年推翻法國安茹王朝統治，成為那不勒斯國王，改稱號為亞豐索一世，開始西班牙在此地的統治，1442 年西班牙佔領那不勒斯。大體說來這些西班牙籍君王的統治，不得人心。亞豐索一世為人慷慨大方，獎勵文學家與藝術家不遺餘力，但由於揮霍無度，浪費成性，為了支付開銷，任意擴增稅捐，引起民怨，帶來禍害。其私生子斐迪南一世 (Ferdinand I) 繼位後，由於其非正統子嗣身分，遭部分貴族抵制，乃以殘酷手段對付異己，是一位殘暴的國君。任內出賣教會聖職，不顧百姓權益，打擊仇

人，手段殘忍，連首相也被懷疑不忠而遭處決。1494 年斐迪南一世去世後，這個由西班牙籍君王所建立的王朝開始步入衰途，給予法國入侵機會。法王查理八世 (Charles VIII) 應那不勒斯貴族之請，發兵攻打亞豐索二世 (Alfonso II)，輕易獲勝，但卻引起英國、神聖羅馬帝國、教宗的不滿，逼迫查理退兵，西班牙得以再取得那不勒斯的統治權。以後進入西班牙與法國的鬥爭階段，1503 年終為西班牙佔有，至 1707 年為止。

二、政治特色

政治型態的轉變往往肇因於客觀的形勢大於主觀的意念。十三世紀後的義大利政治型態隨著商業活動的興起，以貿易致富的生活方式日趨重要，衝擊著以農業生活方式為基礎的封建體系，也影響執社會牛耳的教會勢力。由於財富取得的方式不同，統治階層也出現變化，貴族必須與富商合作，並從事經商活動，才能維持生計。他們變賣土地，使得土地所有權易主，鄉村因商致富者參政的比率提高。

由於每個城市都是獨立城邦，為謀生存，戰爭頻仍、兼併熾烈，各種政治學說、君王御術，引人注目。究其發展道路來看，任何國家均不可避免地走向城市經濟體制。義大利的政治型態雖有王國、公國以及共和國，但其共同的特色是僭主及家族當道。立國之初多由富商和貴族階級 (Patriciate) 所統治，這些貴族或權貴 (magnate) 倡議獨立，不過他們重視私利大於公益。十三世紀商人、工業資本家、銀行家財富日增，這批被稱為「要人」(popolo grasso) 的新階級希望國家政策可以附和他們的經濟利益，故向權貴爭權，並要求控制政府。在弱肉強食，優勝劣敗的存亡之秋，城邦不得不走向寡頭統治，將政治、司法和軍事權交給地方首長。

僭主 (tyrant) 是此一時期最大的特色。他們是一批以武力奪得政權、不曾受封、身分不明、地位非法的統治者。即便得到神聖羅馬皇帝的特准或賜封，也不能因此合法。僭主因地位不穩，擔心受人暗算，

遭遇不測，因此多廣尋盟友，貪功謀利。統治的方式是先建立一套完整的稅則，編製境內所轄土地的清單與進出口貨物的統計，再加以課稅。依史學家布克哈特 (Jacob Burckhardt) 的研究，僭主除了面對外在危機之外，還得對付內在的禍患，如反叛、謀殺。除了相信少數親信之外，不相信任何人，並猜疑所有的人。

政治上最大的難題是權位繼承和財產封邑的分配。權位繼承通常造成兄弟鬩牆，或伯叔干政，導致宮廷危機不斷，爭執難了；財產分配更造成家人反目，相互殺戮、報復、出賣友人之事罄竹難書。僭主為了獲得百姓的尊敬，往往以奢侈浮華、安逸享樂的方式來表現其優越地位，製造榮華富貴、惟我獨尊的假象。又為了鞏固地位，喜歡將其城堡建在高崗和孤立之處，不相信上帝的存在，迷信星宿，對魔鬼感興趣。

僭主統治時期，以十四至十五世紀最明顯，經過一個世紀的兼併，大僭主逐漸強大，弱小的國君為了生存，必須寄生在強大的僭主蔭庇之下，做一名部將，名為「傭兵統帥」，自此開啟了傭兵統帥制度 (The System of Condottieri)。統帥率軍南征北伐，東討西戰，換取報酬，包括金銀、榮譽、封土。這些統帥除了為金錢作戰外，不隸屬任何人。他們的處境堪虞，出征獲勝，被僭主視為危險分子，擔心其坐大，而設法剷除；出征如果失敗，則被視為無能被殺。因此在歷史上可以發現，傭兵統帥多半藐視神明，輕視宗教，暴虐無道，缺乏人性。著名的例子有英籍的霍克伍德 (Sir John Hawkwood)，1360 至 1394 年間轉戰義大利各地，帶領「白色軍團」(The White Company) 為不同的君侯效命，誰出的錢多就為誰打仗，今日之主可能就是明日之敵。

僭主當道，各公國、共和國、王國也周旋在列強的矛盾中求生，縱觀此時的政局，不過「亂」一字而已。

三、外力干預

這個時期義大利的政局動盪不安，各城邦無論採何種政體，都鎮壓異己、強徵稅金、殲滅敵人；外交採合縱、連橫的手段來維護一己的生存。任何一個國家想稱霸半島，必遭其他國家聯合圍勦，以維持均勢。為了維繫各邦國的盟誼，各國設有類似現代的外交使館，派遣使節，維繫政治與貿易關係。

十五世紀之前，由於神聖羅馬帝國情勢不穩，加上十四世紀初至十五世紀初教會發生「巴比倫幽居」及「大分裂」危機，無暇顧及義大利問題，使得義大利政局在 1454 年前得以維持均勢，任何試圖想統一全島皆不可為。各城邦為維護自身的勢力，無不設法尋求外援，給予外力干政機會。此時主要的外力有法國、神聖羅馬帝國與西班牙等三個國家。

1.法 國

法國與義大利相鄰，兩國關係密切。自法蘭克國王丕平三世應教宗之請，前往義大利驅逐倫巴人，受封為教會的保護人之後，雙方的關係即須臾不可分。法國前身為西法蘭克王國，歷經了卡佩王朝（Capetian Dynasty，987～1328 年）、瓦盧瓦王朝（Valois Dynasty，1328～1589 年）、波旁王朝（House of Bourbon，1589～1792 年）三朝，與義大利互動密切。987 年卡佩（Huge Capet）稱王，開始法國第一個王朝——卡佩王朝。

卡佩原有領地只限於巴黎附近，由於其王位繼承制度為世襲制，因此政權較穩定，而王室常透過聯姻方式擴張領土。1328 年卡佩王朝中斷，瓦盧瓦王室的腓利普六世（Philip VI）以王家姪系身分成為法王，英王也以母系身分要求繼位，造成英法之間的百年戰爭。百年戰爭於1453 年結束，法國開始染指義大利，而義大利的內鬨也給予法國干預的機會。

法國介入義大利的過程有三：第一是米蘭問題。米蘭統治者莫・

格拉諾 (Gian Galeazzo) 公爵被拉第威科・易勒摩洛 (Ludovico il Moro) 罷黜之後，其外祖父──那不勒斯國王斐迪南出兵相挺，拉第威科・易勒摩洛向法王查理八世 (Charles VIII) 求援，給予法國干政機會。1494 年查理八世派軍南下，9 月越過阿爾卑斯山，佛羅倫斯君主彼埃羅・麥第奇 (Piero de'Medici) 聲援斐迪南，仍舊不敵，於 11 月請和。1494 年底查理八世攻陷羅馬，1495 年 2 月 22 日入那不勒斯。法軍獲勝，但為時短暫，米蘭、威尼斯、西班牙的亞拉岡在羅馬教宗的支持下組成「神聖聯盟」，將法國逐出義大利。1503 年 2 月法軍再發兵圍攻那不勒斯的巴列塔 (Barletta)，十三位義大利騎士向法軍騎士挑戰，結果義大利獲勝，此役被解讀為義大利首次出現的愛國行動。趕走法軍後，那不勒斯及西西里開始面對西班牙斐迪南的入侵。

第二是威尼斯問題。鑑於威尼斯地位日趨重要，1509 年教宗朱利烏斯二世 (Julius II) 與法國國王路易十二（Louis XII，查理八世之子）和神聖羅馬帝國皇帝馬克西米連 (Maximilian) 組成坎布瑞 (Cambrai) 聯盟，進擊威尼斯，並考慮將威尼斯開除教籍。阿那德洛 (Agnadello) 一役，威尼斯兵敗，向教宗臣服。教宗朱利烏斯二世擔心法軍勢力過大，並發現法國國王居心叵測，圖謀不軌，於是與神聖羅馬帝國、西班牙結盟，將法軍驅離義大利。威尼斯因此得以無恙，但地位大不如前。

第三起因為 1513 年教宗雇請瑞士傭兵擊敗法軍，法王法蘭西斯一世為了雪恥，於 1514 年率軍攻打義大利。馬里尼亞諾 (Marignano) 一役，擊敗瑞士傭兵，確立法國在義大利北部的統治地位。但好景不常，1519 年西班牙國王卡羅一世 (Carlos I) 被選為神聖羅馬皇帝，名為查理五世，1521 年起即挑戰法國在義大利北部的勢力，佔領米蘭，強迫熱那亞選出親神聖羅馬帝國的政府。1525 年帕維亞 (Pavia) 一役，大敗法軍，逮捕法蘭西斯一世，法國雖試圖重振，但大勢已去，從此法國喪失在義大利北部的地位。1559 年法國與神聖羅馬帝國簽署「卡托─坎布瑞西斯條約」(*Treaty of Cateau-Cambrésis*)，結束法國對義大利近

兩世紀的干政。

2.神聖羅馬帝國

　　神聖羅馬帝國與義大利的關係可以由 1526 年查理五世開始向外征戰，並要求他的繼承人可以合法取得義大利的權力開始。1527 年查理五世率一萬五千名傭兵攻陷羅馬，進駐梵蒂岡，並在米蘭、托斯卡尼和熱那亞建立傀儡政權，從此身兼西班牙國王與神聖羅馬帝國皇帝，是歐洲最有權勢的君王。1529 年神聖羅馬帝國與法國簽署「坎布瑞條約」(Treaty of Cambrai)，依據協定，法國放棄對義大利的統治。在查理五世的支持之下，麥第奇家族重獲政權。1556 年，查理五世將其統治的神聖羅馬帝國地區給予兄弟斐迪南，但讓其子腓力二世出任西班牙國王，開始西班牙對義大利的一百年統治。1559 年與法國簽署「卡托—坎布瑞西斯條約」，法國自薩伏依及皮埃蒙特撤軍，西班牙控制薩丁尼亞島以及托斯坎 (Tuscan) 海岸的堡壘。

3.西班牙

　　自西羅馬帝國衰亡之後，西班牙即成為西哥德人活動的地區，他們在此成立了許多小國，以後逐漸兼併為亞拉岡、納瓦那 (Navarre)、卡斯提爾 (Castile) 三大國，並展開驅逐阿拉伯穆斯林的收復失地運動 (Reconquista)。至 1469 年亞拉岡與卡斯提爾兩國聯姻，西班牙才出現在歷史舞臺。

　　西班牙與義大利接觸發生在亞拉岡的詹姆士一世在位時，為了清除阿拉伯人在伊比利半島的勢力，他積極擴充在地中海的影響力。1282 年其子彼得三世佔據西西里。1326 年亞拉岡王室控制了薩丁尼亞。1442 年在米蘭公爵腓力波·瑪麗亞·維斯孔蒂的協助下，來自亞拉岡的西西里國王亞豐索五世佔領了那不勒斯，在當地建立異端裁判所，驅逐猶太人等。由於西班牙內部政局不穩，亞豐索五世的統治並不平順，1458 年去世，其私生子斐迪南一世 (Ferdinand I) 繼位，統治過程艱困，1494 年法國入侵佔有此地。法國受挫於神聖羅馬帝國之後，西班牙的勢力即控制了義大利。自 1559 至 1598 年成為歐洲最強大的國

家，腓力二世於 1556 年承續了父親查理五世的領土，包括西班牙、低地國和哈布斯堡家族在義大利的領土，致力經營義大利。除了威尼斯外，幾乎統治了全義大利，在各地採用不同的統治方式，有的派遣總督，有的任命執政，維持了西班牙在義大利的霸權，一直到 1700 年西班牙哈布斯堡家族失勢為止。

第二節　人文思想

特殊的地理環境與政治背景激勵義大利人走出了信仰的樊籬，擺脫了種族、派系、行會、家庭的團體束縛，開始以一種主觀、個人的角度，從客觀的立場討論國家以及其他種種事務，使得義大利人成為世界上第一位有「個性」(individual) 的人，影響人類文明邁向新的里程碑。

一、特　色

㈠個性與才華

義大利人的「個性」對後來的歷史演變產生重大影響，因此它何時出現，以及為何出現，別具意義。按史家布克哈特的研究，約於十三世紀末葉，義大利即出現一批具有獨特性格的人。其主要原因，首先是僭主制度的出現。僭主養士，包括詩人、藝術家、文學家、祕書、朝臣，讓他們可以盡情的發揮個性，利用自己的才華獲得榮華富貴。百姓受風氣影響，競相爭寵，在各方面開拓潛能。其次是教會的態度，義大利的教會幾乎與俗世政權混為一體，深入日常生活，對人格的化育有一定的助益。第三是派系的傾軋，政局變動越快，政治家與民間領袖就越重視民意，為了要獲得民眾擁戴，就必須要有高尚的人格。失意的派系領導人為了要東山再起，也必須更加努力，表現才能，發展出個性。同時，一些被放逐到其他地區的人也積極展露他們的個性。流亡在海外的人文學者高德里‧伍爾才伊 (Codri Urcei) 就說過：「一位

博學多能的人四海為家,在那裡生活舒適愉快,那裡便是他家」。在他們身上,可以看到人的尊嚴、詩人的個性。

此時社會最受人敬仰的「通才藝人」(universal artists),不僅人格受肯定,才華也出眾,如十五世紀的阿爾貝蒂 (Leon Battista Alberti) 就是一位代表人物。他生活操守佳,喜好運動,學習音樂無師自通,研究民法與教會法,潛心物理與數學,懂素描與藍圖設計,發明暗室、飛機,著有《繪畫》、《論建築》等書,還寫過小說、喜劇、輓詩。

(二)道德觀

道德是人類行動的依據,社會運行的法則。自西羅馬尊奉基督宗教為國教之後,基督倫理就成為道德的尺度。但進入文藝復興時期,基督倫理道德動搖,人們不遵循信、望、愛的信仰所建立的道德觀,而是從榮譽感中建立道德價值,一種來自人內在良心,以感情為主的道德觀。這種榮譽與中古教會所標榜的不同,強調「去做您所能做的,自由人生來就自由,受過良好教育,保持常與良善的人交往,常鼓勵他去行善避惡,這就是榮譽」。他們認為「報復」是一種表現,與其他地區的人相比,義大利人受侵害越多,報復的心也越可怕。報復不限於一般百姓,知識分子也不例外,他們認為報復是一種需要,一個人喜歡與別人鬥,並不是好鬥,而是讓人知道他不是弱者。這才叫英雄好漢,受人尊重。

二、人文主義

人文主義是一種純粹的精神運動,希望經由對古典文化的研究,找到可以支持生存與生命的高貴精神,由觀念的解構與建構中,解決現世的難題。他們強調獨立的精神,沒有控制別人的企圖,也不接受別人控制。人文主義者自古典文明尋找靈感,特別是古代希臘、羅馬文明的內容,將古典文明的內涵視為人類創作的最高理想。因此在論及義大利人文主義時得從古典文明中,覓其源頭。

㈠古典研究

　　古典文明自西羅馬衰亡之後，在歐洲的影響力隨著基督教會文化的擴展，而逐漸沉寂。以後賴法蘭克查理曼大帝重視文化，及鼓勵教育政策，而繼續存在。十一世紀十字軍東征打開西方與東方的通路，使得希臘文化得以重現昔日光芒，重回西歐歷史舞臺。

　　古典文化復甦在義大利地區與歐洲其他地區程度不同。歐洲地區，只有知識分子關心古典文化；義大利地區，由於古蹟散落四處，遍及各地，知識分子或一般平民百姓，熟識拉丁文、容易接受古典文化。十四世紀起義大利的公民生活已達到相當的水準，貴族與中產階級和平相處，知道如何充實自己，開始熱衷對古典文明的研究。可以從幾方面看其表現：

　　首先是對羅馬古蹟大規模的發掘與有系統的研究，使得「考古學」成為一門特殊的學問。在教宗亞歷山大六世 (Alexander VI) 時代，發現了幾幅古代壁畫、阿波羅大理石雕像 (Apollo of the Belvedere)。朱利烏斯二世時，發掘勞孔 (Laocoön) 父子三人雕像、埃及豔后克利歐佩拉克的雕像。李奧十世 (Leo X) 積極從事尋古、考古，使得考古成為當時羅馬人生活不可或缺的一環。貴族與樞機主教開始喜歡以古人雕像或石刻殘片作為飾物。而考古學者、歷史學者與愛國分子在尋古、尋寶、尋古蹟之餘，也撰寫相關的歷史作品，例如十四世紀的人文學者佩脫拉克、十八世紀的英國史家吉朋 (Edward Gibbon) 都從羅馬廢墟中獲得靈感，書寫了重要的動人作品。

　　其次是古典著作。古卷是一切知識的淵源，古典著作經由抄書者抄錄，收藏家的熱衷購置、蒐集，而得以保存。當時有人將希臘哲學家亞里斯多德等學者的作品譯為拉丁文，形成新的文化寶典。如佩脫拉克收藏一部「荷馬史詩」，但由於他本人不懂希臘文，只能透過翻譯本擴大視野。教宗尼古拉五世 (Nicholas V) 則蒐集了九千件手稿，計劃修建梵蒂岡圖書館 (Vatican Library)，建成後收藏了豐富的古物。李奧十世特別喜愛拉丁散文與拉丁詩詞，身邊圍繞著無數的詩人，他曾重

圖 18:「勞孔像」　勞孔的故事出自「荷馬史詩」中的特洛伊戰爭。勞孔是古特洛伊城的老祭司，於戰爭中洞悉希臘人的木馬屠城計，力勸國人切勿相信，沒想到因此受到希臘天神們的懲罰，父子三人被巨蟒活活咬死。此雕像為希臘化時代重要的藝術作品，羅馬帝國滅亡時此像不知所蹤，至十六世紀才重見天日，後藏於梵蒂岡博物館。

整羅馬「智慧」大學，出版羅馬史家塔西陀的著作。至於對文藝復興貢獻較大的王侯有那不勒斯的亞豐索一世，禮聘不少學者在身邊服務，給予優渥酬金。米蘭的斯福爾札公爵，推廣文藝運動，重用學者，甚至將人文主義當作子女的教育課題。

㈡重要學者

　　人文學者的先驅為「雲遊教士」(Clerici Vagantes)，懷著放任的人生觀，關注異教人思想，追求自由浪漫，生活不求安定。他們要求知

道古人所知道的，模仿古人寫作，引述古人思想，導致古態成風。

　　義大利人文學者得由但丁（Alighieri Dante，1265～1321 年）論起。雖然他不是文藝復興時期的人物，但其思想與作品卻開啟了文藝復興的方向，將古典文明帶入義大利國家級的文化園地中，將騎士文學和教會理想的愛情傳統及士林哲學結合在一起。他的思想是中古的，但卻代表了文藝復興文化型態下受教者階級的想法。

　　其大作《新生》（*La Vita Nuova*）及《神曲》（*Divine Comedy*），談古論今，把古典故事人物與基督宗教的教義和歷史參差並用，寫出神學及優美的士林哲學，令人驚豔。特別是《神曲》，由於他在佛羅倫斯黨爭中，反對支持教宗的黑黨，遭到流放，在長達二十年的痛苦歲月中，完成了這部不朽的巨作。此書用佛羅倫斯日常用語描寫，韻文簡潔有力，寫來栩栩如生。全書有一百首詩，分為三個部分，每一個部分代表一個世界，分別是地獄、煉獄、天堂，描寫著由地獄到天堂的過程。在地獄中，可以看到各種苦刑，藉羅馬詩人味吉爾的理性來淨化靈魂；在煉獄中，藉但丁的愛人引導進入天國；在天堂裡，沐浴於天使和聖人的樂園中。《神曲》描寫當代歷史與人物，評論世俗及宗教事務，從形上學角度刻畫當時人的心靈，批評教會，對後來文藝復興的創作有相當的影響。

　　第二位是佩脫拉克（Francesco Petrarch，1304～1374 年），佛羅倫斯人，被譽為人文主義之父。此時佛羅倫斯政情動盪，人民流離失所，生活不寧，基督思想或金銀財富不足以提供生命支柱。就在這種社會環境之下，佩脫拉克趁勢而起，受到重視。他相信只有從古典文化中才能找到濟世良方，拭去時代的不安；要恢復拉丁語的原來面貌，才能擺脫被野蠻摧殘的現代語。他潛心研究羅馬時代作家的作品，埋首探索未被發現的古代抄本，抄錄重要的古典作品，以批判性的態度研究與注釋。用十四行詩與小調的形式抒發自己的情感，表現出半純情、半官能的傷感心緒，透過羅馬人的文明成就來肯定義大利人的價值，為義大利人尋獲了信心。他對古典的研究，開拓了新時代的新精神。

第三位是薄伽丘（Giovanni Boccaccio，1313～1375 年），他是佩脫拉克的高足，1350 年兩人相遇，從此交往頻繁。薄伽丘成就儘管不如佩脫拉克，但亦有其貢獻，主要有二：一是將人文主義引進市民社會，使得人文主義由貴族走向社會現實面；其次是他通曉希臘文，從而掀起研究古典希臘的熱潮。

薄伽丘年輕時曾愛上一位富家千金，但遭拋棄，於是寫了不少小說與詩篇，回味兩人之間的熱愛，也將這種遺憾，特別是女人的移情別戀與背棄情人作為其主要作品《十日談》(*Decameron*) 的題材。薄伽丘花費近十年的歲月將對情人的肉體記憶與佛羅倫斯的自由空氣，用一百篇文章串成《十日談》。在佛羅倫斯的方言基礎之上，以散文體寫成，讓人讀來易生共鳴。《十日談》內容五花八門，文章引人之處不在於它的佳話與軼事，而是暴露了人的本性：自私、自利、女人的邪惡與奸詐、神棍的卑鄙。薄伽丘不是憤世嫉俗，而是嘲諷，致力打破權威、陋習或身分。《十日談》可以稱得上是近代最早的散文小說，是西歐近代文學之祖。

第四位是馬基維利（Niccolò Machiavelli，1469～1527 年），佛羅倫斯人，是位政治家，也是外交家。入仕之後，佛羅倫斯統治者麥第奇家族因無法阻止法國入侵，遭人民驅趕下臺，亡走海外。道明會修士薩伏拿羅拉隨後主政，組共和政府，馬基維利奉命擔任外交交涉工作，儘管沒有什麼成就，但卻提供他觀察人性的機會。在出使法國與德意志之際，他發現國家統一的重要性，因而將義大利統一視為當務之急。後來的《君王論》(*The Prince*) 就是基於這種認識而書寫的。

共和政府不得人心，遭人民推翻。1512 年麥第奇家族復辟，馬基維利被捕下獄，後雖被釋放，但仕途已斷，從此開始專心寫作，其中最具代表性的就是《君王論》。書中強調處理任何事情都必須斷然，絕不能受宗教、道德或情感的約束。暴民是政治統一的最大阻礙，因此需要一位英勇無比，且能一舉成功的君主。他將政體分為三種，君主、貴族、民主，而這三種政治往往是朝僭主、寡頭、暴民發展。所以最

好的政體是三者兼具，隨時隨地衡量輕重，巧妙加以應用。他認為一位優秀的政治家必須懂得如何順應、控制並克服命運。

(三)興起與沒落

　　人文主義雖以佛羅倫斯為聖地，但並非起源地。亞平寧山脈附近的帕多瓦 (Padova)、波隆那、維羅納 (Verona)、米蘭等地在佛羅倫斯之前即出現人文思想學者。究其原因，與時局有關。義大利北部既有羅馬教宗的勢力，也有神聖羅馬帝國的權力，各城市為了生存除了左右逢迎外，必須靠法律作為存在的依據，故重視羅馬法，進而催生了人文主義運動。這項運動經佛羅倫斯學者佩脫拉克等人提倡後成為義大利的文化新精神。

　　人文主義運動發展與文藝復興相隨，十四世紀開始，十五世紀成熟高漲，十六世紀達到鼎盛時期，之後開始式微，為時長達三百年。史家探索其衰弱原因，歸納有麥第奇家族被驅逐，人文主義的重要陣地淪陷；羅馬遭外國侵襲與掠奪，人文主義喪失最後的據點；人文主義賴以延續的抄本，已告枯竭；印刷術的發明，使得膳寫原典的工作喪失價值。人文主義的原始精神是藉由認識希臘、羅馬文化，解放當時人的思想，如今時空轉移，客觀條件改變，僅僅是追求過去，失去創造力，不切合時代所需，亦不足以引起興趣。學者出走，往西歐內陸發展，帶動北方人文運動發展。

第三節　藝術表現

　　十二、十三世紀歐洲的藝術作品幾乎都受限於宗教的需求，為宗教服務。這是基督社會發展的自然現象，與教會贊助有關，因為只有教會有錢支付。當時主要建築物無論大教堂、小教堂和修道院都以哥德式為風尚，而畫家和雕刻家受到哥德式格局、道德教訓及純裝飾目的限制，多遵循傳統，以細長線條展現抽象風格，將人物描繪為一種理想，缺乏創造力。貴族及聖人是藝術的主要題材，他們雖然是人，

但不能太具有人性，賦予單純與理想化的特色。十四世紀起，義大利的藝術出現變化，城市貴族開始關心藝術，個人出資獎助藝術家，開啟了「藝術再生」(rebirth of arts)。但新藝術的主題仍為宗教，不過逐漸脫離哥德式的抽象形式，轉向較古老的義大利形式主義藝術。此時在教會方面，聖方濟會 (St. Francis) 強調虔誠和對自然的愛，鼓舞義大利藝術家接近並觀察自然，以同情憐憫的現實主義情操描繪人類，使得自然主義在此時發芽。

十五世紀，俗世藝術在君侯與貴族的獎勵之下有了決定性的突破與變革，反映了更世俗和浮華社會的興趣與鑑識。他們請藝術家畫肖像，雕刻家裝飾住家，熱衷公共建築。義大利藝術家在風尚的激勵之下，各顯身手，發揮才情，描繪自然風光，再造人類形象，並以奢華的陳設與服飾來襯托贊助者的身分與地位。過去宗教控制世俗的藝術形式已被現實主義及俗世熱情所取代。

一、發展原因

十五世紀義大利藝術的表現受到三種因素激勵。第一是技術的改良。由於細心觀察大自然與反覆的實驗精神，使得義大利藝術家得以克服透視與明暗的技術問題，採圓與深的方式表現人物與景觀。另方面運用新的方法混合顏色，對人像仿造出現新的標準，使得藝術獲得尊重。第二是藝術家的地位提升。由於貴族重視，他們不再隸屬匠人階級，天才藝術家受到賞識，有才華的畫家與雕刻家出入宮廷、宴會，擁有財富、名望與社會地位，促使這一時期人才輩出。第三是來自大家族、教宗與王侯的贊助及經濟支援。在家族方面以佛羅倫斯的麥第奇家族最具代表性。麥第奇家族在柯西模時（1434 年）發跡，他原本是銀行家，後執掌佛羅倫斯政權，熱愛文藝，並大力資助，獲得藝術家美譽。他還成立「柏拉圖學院」(The Platonic Academy)，激勵其他古典文明再生。其兒子彼埃羅・麥第奇秉承父志，推動翻譯柏拉圖作品，再傳子勞倫佐・麥第奇。勞倫佐・麥第奇更加投入，除了重視古

典文物的研究外，更熱愛詩詞，推動文藝復興，贊助學人、藝人不遺
餘力。

二、藝術大師

此一時期繪畫界人才輩出，主要重鎮在佛羅倫斯、羅馬、威尼斯，
代表人物有喬托 (Giotto di Bondone，1266～1337 年)、達文西
(Leonardo da Vinci，1452～1519 年)、米開朗基羅 (Michelangelo，
1475～1564 年)、拉斐爾 (Raphael of Urbino，1483～1520 年)。

㈠喬　托

喬托出身農家，以寫實手法享譽藝壇，以面對自然作為新藝術的
指標，以真實生動的人物形象體現了新的、鮮明的人文主義思想。後
人據此將他視為新文化的旗手。喬托的繪畫作品，主要是壁畫，他在
佛羅倫斯及義大利許多城市作過壁畫，由帕度瓦的阿瑞那 (Arena) 禮
拜堂可以看出其畫風，雖以宗教內容為主，敘述聖母和基督的生平故
事，但卻展現人間世態，和各種社會生活情景。他的畫作除了有寫實
風格之外，並具有三度空間的真實感，將主要人物放在與觀賞者視線
齊平的位置，前景、後景排列有序，使得空間關係明確。儘管他尚未
掌握完整的透視畫法，對人體結構也沒有科學知識，但卻以渾厚樸實、
強勁有力的風格，創立了與中古抽象圖象完全不同的寫實畫風。

㈡達文西

達文西是位天才型人物，史家推崇他的出生是老天降予佛羅倫斯
的一件大禮，在世六十七年，他的去世被認為是佛羅倫斯無比的損失。
達文西身體強壯，生性慷慨，儀表出眾，口才過人，具有說服力，善
待友人，一生多姿多彩，成就廣泛，繪畫、雕刻、解剖、音樂、文學、
科技都有涉獵，生前享有隆譽，死後聲名遠播。

達文西之成功除了睿智的表達力之外，還有堅強的意志，能夠精
準地掌握別人的理念，善於運用實驗證明事理，靈活運用腦子設計。
許多素描中所展現出的理念，後來都透過實驗，獲得普遍應用。他觀

圖 19：達文西的「最後晚餐」

察各種自然現象，包括天體的運行和日月的軌道，作品表現出罕見的典雅、真實、生命和喜悅。他為了要描繪實體本身的真實性，不斷的用重疊黑線來表示不同層次的光線變化，使得作品呈現一股魅力。主要代表作品有「最後晚餐」、「耶穌受難圖」、「聖母、聖安妮及聖嬰」、「蒙娜麗莎」像等。

㈢米開朗基羅

　　米開朗基羅以建築、雕刻、繪畫享譽。畢生受惠於多位教宗，如朱利烏斯二世、李奧十世、克萊門七世、保祿三世、朱利烏斯三世、保祿四世、庇護四世，獲得無數豐厚的賞金與禮物，完成許多不朽傳世之作。死前留下三句話作為遺囑：「把靈魂留給上帝，把身體留給自然，把所有物質財產留給最親近的親屬」。

　　米開朗基羅被視為上帝派來世間的藝人典範，他的作品在指點如何實現真誠傑出的藝術。他對藝術有強烈的使命感，不論如何困難的工作都能克服。為了創造完美，從事無數的人體解剖探討，發掘人體結構法則，以及人體不同的動態和姿勢。除了人以外，他還研究動物，使他的作品顯現優雅技巧，充滿生命力。

　　米開朗基羅的作品均為傳世之作，較為後人傳頌的代表作品有「聖

母慟子像」、「大衛像」、「聖母像」、「摩西像」、「最後審判」、西斯丁教堂的著名穹窿壁畫（天花板畫）、聖彼得大教堂的修建。在這些作品中他表現出個人的堅強毅力與創作才華。西斯丁教堂穹窿壁畫，工程浩大，他獨立完成，工作不僅辛苦而且孤獨。這座教堂圓穹包括五塊三角穹窿，每塊都連接牆面正中，上面畫有七位先知和五位女預言家的人像，個個高十二呎，表情不同、衣飾不同。教堂中央圓頂所畫的題材，從上帝造人一直到大洪水和酒醉的諾亞躺臥在露天下，弧面窗上畫了耶穌基督所有的先人。在繪製的過程中，不遷就格局，以調整格局來順應人物的造形，為後來的畫家開闢了一條新道路，這部畫作也因此被稱為藝術的經典之作。另一部代表作為「最後審判」，可以說是壯麗繪畫中最偉大的典型，受神的感發，讓人們可以透過一位藝術家的智慧看見生命的盡頭。米開朗基羅想像耶穌當年受難的整個過程，以及日後那些人所受的懲罰，並將之畫出來，圓滿流暢的貫穿畫中所有的人物。全幅畫展現出不同探討和嘗試的理路，完美且細緻。畫界推崇這幅畫表現出藝術最崇高的力量，他以人體來傳達思想與情感，使畫中的人物彷彿隨時可以走出畫面，無人可匹其左右。

㈣拉斐爾

拉斐爾，只活了三十七歲，算是一位早夭的畫家，一生除了在繪畫上作出偉大的貢獻，在為人處事方面也為後人樹下不少典範。他具有獨特的藝術特質，

圖 20：「大衛像」　　1501 至 1504 年塑成，是佛羅倫斯城的政治及文化象徵。

又與人為善，安詳的氣質往往能滌清人們心中邪氣的俗念。具有善良的特質、優雅的相貌、刻苦淳樸的精神，結合美德與藝術，影響後人。

拉斐爾的畫作風格，一直處於變化之中，早期的畫作模仿老師佩魯吉諾 (Pietro Perugino) 的風格，以後鍾情達文西的人物描繪，尤其是充滿動感及獨特優雅的表現。學習達文西的畫法，儘管努力有餘，但表現見絀。後來，接觸到米開朗基羅的作品，驚覺到自己繪畫的瓶頸，開始轉變畫風，不再浪費時間模仿米開朗基羅，轉而強調宗教的詳和氣質，進而發展出自己的風格，因此奠定了在文藝復興時期的繪畫地位。主要的代表作是以自己的愛人為模特兒所畫的「耶穌變容圖」、「金翅雀聖母」、「聖母的婚禮」、「雅典學院」壁畫等。

(五)威尼斯畫派

威尼斯地理環境獨特，山水景象怡人，人生態度樂觀，因此畫作有一種明豔的風格，特別是油畫的色彩，別具一格，富代表性。主要的畫家有：提香 (Titian)、喬爾喬涅 (Giorgione)、丁托列托 (Tintoretto)。提香勤於創作，活了九十多歲，留下豐富的藝術寶藏，從古典神話、宗教、歷史到人物肖像。他的作品富生活氣息，色彩亮麗，用色高妙，技法精緻，奠定了威尼斯畫派在西方藝術的地位。喬爾喬涅的油畫以奇幻的光色展現出自然風景的美麗多彩，在世僅三十年，但其浪漫的詩情畫意，開闢了奇幻色彩之路。丁托列托有獨攬天下絕藝於一身的抱負，構圖大膽，用色鮮豔，感情奔放，作品給人疾風驟雨、迅猛激進之感，風格接近巴洛克。

小　結

文藝復興時期的義大利，無論在思想或文學、藝術方面皆為西方社會開啟了一扇新的門窗，擴大了人的生活領域。由於商業活動興起，新興中產階級出現，社會結構轉變，生活形態改變。貴族與教士不再是社會唯一的權貴，靠商業致富的新權貴成為社會中堅，他們帶來了

新的政府組織概念以及運作方式。為了顯現其身分，將過去專屬於貴族的藝術與文學世俗化，換言之，取得了審美的特權，並據此開拓自身的品牌：人文主義文化。

人文主義由希臘與羅馬古蹟和古典中，找到其立足與立論點。在少數富家、豪門及教宗的資助下，文藝活動獲得高度的發展。追求「個性」塑造了義大利人的創意風格，它使得基督宗教的題材人文化，而基督的人性色彩也解放了人的心靈，開啟了自由創作的空間，點燃了人類的新里程。

第五章
統一建國

　　十六世紀至十九世紀歐洲情勢石破天驚，三件大事重新書寫了人類的命運：一為宗教改革，打破了中古以來教宗在神權方面唯我獨尊、一言九鼎的萬世一統局面。新教為了與羅馬分庭抗禮，尋求世俗政權支持，導致國家權力日增；二是啟蒙運動，為人類開啟理性新視窗；三是法國大革命及其所衍生的國家主義情操。拿破崙向外擴張版圖，散佈法國大革命理念，喚起國家主義精神，刺激義大利、德意志等區域政體走向統一。

　　義大利的統一行動，受法國大革命及拿破崙的影響，自 1848 年後在客觀與主觀方面都逐漸成熟。客觀方面，拿破崙三世 (Napoleon III) 即位以及 1848 年的歐洲革命風潮，燃起義大利統一熱情。主觀方面，國內祕密組織活動已告成熟，薩丁尼亞王國在加富爾領導之下，孚得眾望，各邦願捐棄己見，接受其領導。在國家主義激勵之下，自 1861 年起，歷經十年奮鬥，如願統一。其間事跡有可歌可泣的英雄人物，也有客觀的歷史條件，說明了統一工作的艱辛。

第一節　歷史演變

　　1730 年是義大利歷史的重要分水嶺，在此之前，義大利陷於政治、經濟與思想方面的低潮，此後則開始緩慢而漸進的復甦。這一時期歷史可以由西班牙失勢，各方覬覦西班牙在義大利的治權，展開權力鬥爭談起，其中的關鍵在於西班牙王位繼承戰及奧地利王位繼承戰。1701至 1714 年西班牙王位繼承戰爭 (War of the Spanish Succession) 爆發。戰爭導因於哈布斯堡王室旁支的西班牙國王查理二世沒有子嗣，哈布斯堡王室的奧國支系、法國、巴伐利亞三方都想在他死後獲得西班牙土地，最後為法國路易十四孫子安茹公爵腓力獲得，引起其他國家不滿而爆發戰爭。歷經十三年，簽定「烏特勒支條約」(Treaty of Utrecht)，其中有部分涉及義大利領土，包括奧國取得薩丁尼亞、米蘭、那不勒斯，薩伏依公爵取得皮埃蒙特和西西里島，法國波旁王室於 1734 年取得那不勒斯及南部義大利。英國想維持其在地中海的勢力，利用皮埃蒙特獨立牽制法國及奧國，使得皮埃蒙特得以獲得薩丁尼亞，並被承認為一王國，最後肩負起領導義大利統一的重責大任。

　　1740 年奧國女王德蕾莎 (Maria Theresa) 繼承王位，普魯士藉口女性不得繼位，出兵強佔西里西亞 (Silesia)，巴伐利亞則強取波西米亞，因而爆發奧地利王位繼承戰爭 (War of the Austrian Succession，1740～1748 年)。奧國在這場戰爭中，收回波西米亞統治權，並獲得倫巴底，對義大利北方政情產生一定影響。戰後奧國與法國結盟，義大利得以獲得一段和平歲月，直到 1796 年法國入侵義大利為止。

一、各地情勢

　　義大利各城邦在這段期間依其需求發展。茲就此時的義大利政情演變加以說明：

㈠北部地區：倫巴底、皮埃蒙特、威尼斯、熱那亞

　　十七世紀西班牙統治倫巴底時，稅金交由地主徵收，但自奧地利王位繼承戰爭結束，奧地利擁有此地後，情勢改觀。德蕾莎進行改革，改由政府徵收土地稅，且終止該地的封建制度，嚴重影響了貴族權益。南部許多大貴族破產，其土地落入懂得經營的公司手中。為了增加土地收入，他們種植新作物，開發新產品。此外，倫巴人可以徵收間接稅，且於 1776 年宣佈國內穀類得以自由貿易，而且十年後可自由出口，使得經濟欣欣向榮。但好景不常，1780 年德蕾莎去世，其子約瑟夫二世 (Joseph II) 加強對倫巴底的控制，導致知識分子與中產階級不滿，轉而接受法國的革命理論。

　　皮埃蒙特處境與倫巴底不同。由於皮埃蒙特並非貿易重鎮，靠農人稅捐發展，需要貴族配合。統治皮埃蒙特的薩伏依王朝，認為改革會危及社會安定，因而未走向改革之途，不鼓勵工商業發展，農業仍處於落後狀態，貴族依然是社會的中堅。十八世紀皮埃蒙特在軍事、外交方面雖獲成功，但不足以領導義大利統一，直到十九世紀，才開始改革社會、經濟與政治。

　　威尼斯，自文藝復興晚期以來受到其他國家及鄰近城邦的打擊，長期與土耳其爭鬥，以及美洲發現後，歐洲資金多流往美洲，導致經濟蕭條，外交地位大不如前。威尼斯貴族為了重振勢力，捨商業轉向開發土地，財富落入少數人手中，抑止了中產階級的出現。雖然西歐的啟蒙新思想滲入該地，但影響有限。

　　第四是熱那亞，該地幅員小，腹地貧瘠，儘管借錢給強國，但並未發展工業，也未從事投資，只有少數地區如熱那亞港有少許商業活動，但卻刺激了中產階級，成為後來支持統一的重要人士。

㈡中部地區：托斯卡尼公國、教宗國

　　托斯卡尼公國包括佛羅倫斯一帶，1737 年後由德蕾莎的丈夫法蘭西斯 (Francis I, Duke of Lorraine) 治理，他開始著手改革，以後其子李奧波得 (Peter Leopold) 繼續推動。托斯卡尼為一農業區，土地為貴族、

教士及作戰有功的騎士所有，農人生產農作主要是為了生活所需或繳交給地主，不是為了市場需求，因此生活困苦。1767 年李奧波得擬定改革藍圖，於 1775 年取消農產品進出口限制，八年後取消國內關稅，開放土地自由買賣，將部分中央權力下放給地方，減少稅收項目，廢止貴族及教士部分賦稅特權。此外更抑制教會影響力，如廢止異端裁判所，減少財政特權。但在淨化教會儀式，減少教會節日時遭到重大阻力，引起動亂。托斯卡尼公國的改革反映了義大利求變的困難，由於社會的結構根深柢固，改革必須擔負起革命的風險，因此當 1789 年法國大革命衝擊到義大利時，其繼位者即放棄改革。

教宗國所面對的問題較托斯卡尼公國更麻煩。教宗治理的地區可以亞平寧山為界分為兩個部分，南區土地多半為大貴族、教士所擁有，農民生活困苦，城市多半為行政中心，貿易不振。而羅馬則是基督宗教的聖地，財富來自各地的進貢，使得它的地位趨向保守。北部地區由於與北方道路互通，因此工業較發達，特別是絲綢及大麻的加工。但農業生產條件欠佳，許多農人流落城市，向貴族乞生。教宗國的統治階層出於私利，缺乏改革魄力，反對啟蒙運動，引起諸多批評。於 1793 年後逐漸廢止一些不合理的稅目，但為時已晚，無法挽救十八世紀末出現的危機。

(三)南部地區：那不勒斯王國、西西里王國

那不勒斯王國於 1734 至 1759 年間由波旁王室的查理 (Charles) 治理，該區地理分散，缺乏商業與工業，交通不便，農產品僅供內需。那不勒斯是最大城市，為行政中心，貴族群聚，大批無以為生的農人浪跡於此，靠乞討或幫傭為生。儘管貴族在中央的權力被削，但在地方仍擁有實權，他們課稅、主持司法行政。在啟蒙運動及新商業活動的衝擊之下，當地未受到波及，守舊依然當道，但無法有為，未能徹底遏止啟蒙新思潮，反而造成更大的潛在危機。

西西里王國由於穀物消耗量少，因此得以大量出口，以致該地貴族的經濟地位較那不勒斯貴族高，政治特權也較多。而有些城市的中

產階級缺乏資金，大多仰賴英國資金，發展釀酒業而致富。上述新貴控制了國會，他們獲得受惠民眾的支持，以購置土地來維護他們的經濟與社會權利。

二、法國大革命的衝擊

1789 年西方歷史出現劃時代的大事——法國大革命，它擊潰了傳統政治與社會的倫理規範，開啟新的政治理念與社會法則。對義大利而言，衝擊力不小。

1789 至 1795 年間義大利知識分子對法國大革命作出回響，表示同情，許多地區出現騷動，如那不勒斯示威者要求「跟進法國」，皮埃蒙特群眾高喊「法國萬歲」，知識分子甚至要求效法美國的華盛頓，草擬憲法。同一時期，義大利物價上揚、貿易停滯，導致國家財政困難，政府逆向運作，與教會合作，鎮壓異己，助長革命理論散播。

大革命期間法國政權更迭起伏，對義大利產生重大影響。1792 年法國革命政府由溫和轉為激進，1794 年後又由激進的雅各賓黨 (Jacobin) 轉為保守的「督政府」，其間理念不一。督政府時代，採保守態度，但雅各賓的激進觀念，已傳遍義大利地區，義大利也隨之出現雅各賓黨人或愛國人士，他們不要做法國的衛星國，要求一個統一、獨立的義大利。但法國督政府覬覦義大利經濟利益，將之視為支付戰爭經費的行庫，不同情義大利雅克賓的理念，這促使義大利走向反法的道路。

三、拿破崙統治

拿破崙生於科西嘉島，該島劃歸法國後，他成為法國人。1792 年崛起於義大利戰役中，1796 年率法軍「義大利軍」(Army of Italy) 先後佔領皮埃蒙特、倫巴底、米蘭、維羅納。1798 年攻陷羅馬，罷黜教宗庇護六世 (Pius VI)。1799 年侵入托斯卡尼及那不勒斯，1805 年自封為義大利國王。1806 年法軍佔領那不勒斯、西西里。1808 年佔領羅馬。

拿破崙對義大利的治理可以分為 1800 至 1802 年及 1805 至 1809
年兩個時期。第一個時期,重建舊的共和國,組成義大利共和國,拿
破崙自命為總統,對統治地區採用法國體制。第二期是在拿破崙稱帝
後,將統治的地區改為王國。1809 年後拿破崙確定義大利的政體為:
北部的義大利王國 (Kingdom of Italy)、南部的那不勒斯王國 (Kingdom
of Naples) 以及直屬國管轄的地區(包括皮埃蒙特及羅馬城)。拿破崙
重視羅馬,不是因為商業上的價值,而是對帝國的意義,其子被封為
「羅馬王」。教宗庇護七世 (Pius VII) 力圖反對不成,遭囚禁於法國至
1814 年。拿破崙的哥哥波拿巴 (Joseph Bonaparte) 於 1806 至 1808 年出
任那不勒斯國王,1808 年轉任西班牙國王後,拿破崙妹妹做了那不勒
斯王后,妹夫成為那不勒斯國王。拿破崙自己保有國王的頭銜,並派
繼子擔任義大利王國總督,舅舅波拿巴變成費什樞機主教。

拿破崙表面上對義大利情有獨鍾,鼓吹法國大革命思想,加強義
大利人國家的概念,宣揚「市民解放理論」(civil emancipation),支持
義大利走向統一,但統治大權卻握在自家人手中。這看似攏絡人心的
政治手段,實際上也喚起義大利人自覺,要求脫離外人統治,建立自
己的家園。此外,為了形成有效的統治
階層,拿破崙安排不同地區的官員一起
工作,增加他們合作的機會,無形中也
顛覆了義大利人忠於各自公國、寡頭共
和國、教宗國和外國王朝的陳年故習,
消融各區的差異,為後來的統一奠定了
基礎。

圖 21: 拿破崙 (27 歲) 1796 年
的畫像。

在宗教方面,拿破崙了解教會的重
要性,因此積極爭取教會的支持。他本
人對宗教思想並無定見,與教宗的關係
旨在維持和平秩序。1801 年與教宗庇護
七世簽訂「教務專約」(Concordat):教

宗接受法國在大革命時沒收教會財產的事實；遭法國政府停權的教士可以恢復行使職權；法國主教由拿破崙推薦，由教宗授職；法國教士薪水由法國政府支付。1804 年 5 月 18 日拿破崙稱帝，同年 12 月 2 日在教宗庇護七世觀看下，於巴黎聖母院加冕，法國第一共和變成了法國第一帝國。

第二節　義大利統一運動

拿破崙的野心隨著征俄失敗而顯現危機，在歐洲聯軍的圍勦之下，1815 年 6 月滑鐵盧 (Waterloo) 一役兵敗遭放逐聖赫勒那 (St. Helena) 島，鬱結病逝。歐洲版圖面臨重劃。維也納會議 (The Congress of Vienna) 擬訂方案，義大利各王國及共和國雖得以恢復舊觀，但已無法迎合時代潮流，保守及復辟均無法滿足義大利人統一及建國的期待。

受到法國大革命理想的激勵、拿破崙統治推動「市民解放」以及 1830 年、1848 年兩次革命風潮的影響，義大利人追求統一的決心日益明顯。在三位有志之士的奉獻與領導之下，義大利的統一終得以實現。

一、統一的難題

義大利的統一大業被稱為復興運動 (Risorgimento)，除了政治版圖之外，還有經濟與社會的統一，但受限於義大利的地理環境與歷史條件，此時的統一只限於政治上的合併，在經濟與社會方面仍有相當落差，不易進行。

義大利的政治統一難題為歷史因素，因受到外力的干預使得義大利長期處於分離的狀態。拿破崙統治義大利為

圖 22：梅特涅　奧國首相，維也納會議的靈魂人物，協調各國，維繫歐洲均勢。

其統一帶來一線曙光，但隨著拿破崙失敗，歐洲國家召開維也納會議，恢復舊觀，使得義大利又回到四周強敵環繞之下：北方薩丁尼亞王國勢力最大，擁有皮埃蒙特、薩伏依、原熱那亞共和國。此外還有小公國如佛羅倫斯、托斯卡尼等；倫巴底、威尼西亞 (Venetia) 於 1814 年後劃歸奧地利管轄。中部教宗國為一獨立政治實體，不受本地政權制約，反而受外國勢力干預。南部西西里與那不勒斯地區合併為兩西西里王國，自 1753 年以後由法國波旁王朝的一支治理。義大利在奧國首

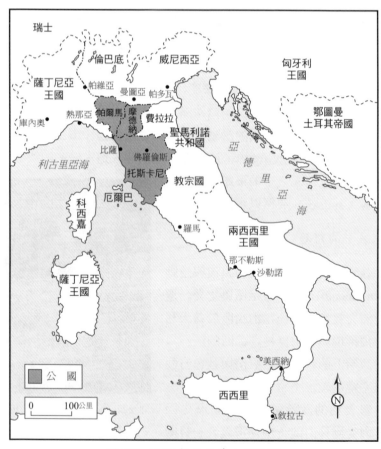

圖 23：1815 年後的義大利地圖

相梅特涅的眼中「不過是一個地理名詞，而非一政治實體」，拿破崙在此地的建設包括公路及橋樑皆遭破壞，奧國的地位取代了法國的地位，對義大利人採高壓統治，突顯了義大利統一的難題，但也引起部分人士感念拿破崙統治的行政效率，進而尋求自主之道。

二、統一經過

維也納會議決定了後拿破崙時代的義大利政局，在「恢復正統」的原則之下，義大利的舊統治者紛紛展開親民工作，爭取民意，但口惠多於實惠，不但缺乏拿破崙統治時期的行政效率、社會活力，反而採高壓方式，鎮壓異己，特別是對奧國統治的倫巴底及威尼西亞地區。此外在帕爾馬、摩德納 (Modena) 及托斯卡尼地區，也打壓祕密組織及自由主義團體，造成義大利人的反感，懷念歐洲其他國家所擁有的自由與進步，進而追求自我的認同。

國家統一依據的不只是理念實踐，更重要的是領導人的胸襟與睿智。義大利統一成功受惠於三位被視為義大利建國的「國父」，他們分別是馬志尼（Giuseppe Mazzini，1805～1872 年）、加富爾（Count di Cavour Camillo Benso，1810～1861 年）及加里波底（Giuseppe Garibaldi，1807～1882 年）。馬志尼與加里波底為祕密會社成員，靠革命起家，奔走各階層，置個人生死於度外，歷經各種險阻，喚起國家統一信念。加富爾出身富農，活躍政界，相信憲政，以高瞻遠矚的眼光，利用國際微妙情勢，領導義大利邁向統一之途。

義大利統一有賴祕密團體的推動。祕密會社係由一群中產階級人士組成，他們不願見到國家四分五裂，憂心未來前途，反對恢復專制王國統治，呼籲建立代議體制並尋求國家統一。重要的地下革命團體，有「燒炭黨」(Carbonari) 及「青年義大利黨」（義大利語: Giovine Italia）。燒炭黨於 1809 年在義大利南部卡拉布里亞山 (Calabria Mts.) 組成，本來是為了反對法國統治，主張義大利統一。維也納會議後義大利情勢轉變，目標轉為反對舊政權復辟。燒炭黨富神祕性及宗教性色彩，但

缺乏嚴密組織，沒有明確政治綱領。1821 年在那不勒斯王國起義發動革命，遭奧地利軍隊鎮壓，功敗垂成。後轉往法國，與法國自由主義分子合作。1831 至 1832 年從義大利中部再度起義，但仍遭奧地利鎮壓，並受到嚴重創傷，從此燒炭黨所領導的義大利復興大業逐漸沒落。

　　繼燒炭黨之後，「青年義大利黨」起而代之。領導人物為馬志尼，他生於熱那亞，為醫生之子，從小受到父母民主思想教育，孕育了共和主義與愛國思想的精神。他堅信人是自由的，因此義大利人必須從專制中追求自由，從外國統治中尋求解放獨立。他要從「皇帝的羅馬」、「教宗的羅馬」中建立「人民的羅馬」。1830 年馬志尼因涉嫌參加燒炭黨遭捕囚禁，後獲釋。1831 年組「青年義大利黨」，宣揚革命理念，強調義大利的民族使命是從奧地利的壓迫與小國的專制中尋求解放，建立自由、進步、統一的義大利，恢復古羅馬的榮光。他們的宣傳擴

圖 24：燒炭黨開會

圖 25：馬志尼　　　　　圖 26：加富爾

獲了青年的心，促使黨員人數迅速成長，至 1833 年已達六萬人。「青年義大利黨」靠著一股革命熱情展開活動，鑑於薩丁尼亞國王曾與奧地利合作打壓他們，因此將反對矛頭指向薩丁尼亞王國。1833 年馬志尼在未出庭的情形下被判死刑，流亡日內瓦，以後「青年義大利黨」分別在各地起事，但均未能成功。馬志尼輾轉各地，繼續宣傳革命。國內有心人士鑑於青年魯莽衝動，空有理想，罔顧現實，難成大事，因此轉而將理想寄託到溫和的改革派手中。

　　當 1848 年巴黎與維也納的革命風暴消息傳開，義大利人將其理想寄託在執政當局上，而當局也順應輿情，開始改革。薩丁尼亞國王阿伯特 (Charles Albert) 主動頒佈新的自由憲法 (*statuto Albertino*)，托斯卡尼也頒佈憲法。中部的教宗國早在 1846 年已展開新政，義大利的專制政府逐漸遭淘汰。此時歐洲的保守勢力展開反撲，奧國軍隊在卡斯托扎 (Custoza) 一役擊敗薩丁尼亞軍隊，1849 年迫使阿伯特下臺，由其長子伊曼紐爾二世 (Victor Emmanuel II) 繼位，恢復舊觀。教宗庇護九世 (Pius IX) 反對與革命分子合作對抗奧國，引起人民不滿，將他趕出羅馬，並宣佈教宗國為共和國，由馬志尼擔任元首。義大利人此舉引

起歐洲其他國家驚慌，保守分子要求立即採取行動。法國派軍於 1849 年 7 月推翻了羅馬共和國，扶持教宗回到羅馬，從此教宗國與革命分子的關係漸行漸遠。1848年之後義大利統一運動的希望落在薩丁尼亞王國肩上，而被奧國扶持上臺的伊曼紐爾二世也不負眾望，拒絕廢除他父親所頒佈的自由憲法，同時任命了一位具自由理念的加富爾擔任首相，於 1852 年起主持國政，朝統一目標邁進。

加富爾出身貴族家庭，小馬志尼五歲，富機智，重實際，興趣廣泛，服膺進步信念，重視外國經驗，特別是英國經濟的自由理論。早年想從軍，但因與其自由理念不合而放棄。他是義大利統一的「建築師」(architect)，其作法是先保證在國會中擁有穩固多數，組成一個更多中間派的政府。1852 年 11 月被任命為首相後，即設法操縱國王，開始各項建設，努力使薩丁尼亞現代化與義大利自由化。其次，他開始運用靈活的外交政策，擴張版圖，因此有人說，義大利的統一只是薩丁尼亞的延伸。

加富爾統一義大利過程係由北到中而南。薩丁尼亞王國位於北部，1860 年前轄有薩伏依、皮埃蒙特、尼斯以及薩丁尼亞島等地，主要外敵有法國及奧地利。加富爾鑑於拿破崙三世早年參加過燒炭黨，拿破崙家族與義大利較親近，因此採用聯法制奧的政策。先藉由參加克里米亞戰爭 (Crimean War)❶與英、法並肩對俄國作戰，取得義大利參加 1856 年巴黎和會的機會，提高國際地位。次年加富爾再密會拿破崙三世，達成協議，聯合對奧地利作戰。協議主要內容為驅逐奧國在義大利境內的勢力後，義大利組成四邦，由教宗擔任主席。這四邦分別為：上義大利王國（包括皮埃蒙特、倫巴底、威尼西

❶ 戰爭發生於 1853 年，至 1856 年結束，對東歐的局勢產生關鍵性影響。戰爭的主要近因是巴勒斯坦聖地保護權與管轄權爭議。法國拿破崙三世認為法國有義務確保此地天主教徒的權利，俄國的尼古拉 (Nicholas) 則宣稱東正教在此地的權利。由於列強各自表述，終而爆發戰爭。俄國試圖提高在該區的影響力，與土耳其發生戰爭，法國、薩丁尼亞、英國則協助土耳其，薩丁尼亞欲藉此機會統一義大利。

亞、帕爾馬、摩德納）、中義大利王國（托斯卡尼、烏比利亞、馬爾凱）、教宗國（羅馬及其附近屬地）、那不勒斯王國。法國獲得義大利西北部的尼斯及薩伏依作報酬。至 1859 年 4 月之前一切依計畫圓滿進行，1859 年拿破崙三世率軍二十萬進入義大利，馬晉塔 (Magenta) 一役法國與薩丁尼亞聯軍大敗奧軍，索弗里諾 (Solferino) 一役再敗奧軍。值此形勢大好之際，拿破崙三世突然變卦，在薩丁尼亞佔據威尼西亞之前，於 1859 年 7 月前與奧地利片面媾和。究其原因，說法不一，有學者認為他不願見到義大利統一，也有認為其受到天主教人士及反戰人士的壓力。總之，法國與奧國達成和平條約，薩丁尼亞只獲得以米蘭為中心的倫巴底地區，其餘仍維持原狀不變，奧國則保有威尼西亞。加富爾對法國拿破崙三世出爾反爾、表裡不一的態度非常錯愕，因此去職。但義大利統一信念並未消失，人民對國家主義的期盼更加殷切。一年之後，北義大利的托斯卡尼、摩德納及帕爾馬地區舉行公民投票，加入薩丁尼亞，薩丁尼亞增加了上述三地，領導地位不減反增。

　　在義大利北部的薩丁尼亞與奧國作戰之際，中部的國家主義人士亦挺身而出，驅逐外來統治者。他們抓住群眾心理，獲得廣大回響。群眾舉行遊行示威，呼喊「義大利及伊曼紐爾」、唱愛國歌曲、高叫「外國人滾出義大利」。在人民愛國熱情召喚聲中，中部的愛國主義人士要求與薩丁尼亞合併，這項訴求與法國和其他歐洲列強期待不合，但義大利人不畏外力，依然勇往直前。1860 年加富爾重返政壇，中部義大利人一致要求加入薩丁尼亞，擴大了義大利北部的政治版圖，使得加富爾達成初期目標。

　　義大利南部加入統一主要受惠於加里波底。加里波底出身貧民水手之家，十七歲時赴羅馬，滋生「義大利是義大利人的義大利」(Italy, the Italy of all the Italians) 的信念。他在自傳中提到，「我年輕時想像力所關切到的羅馬是未來的羅馬」。以後他在熱那亞參加革命被捕，1834 年被判死刑，逃亡南美。往後十二年，在烏拉圭 (Uruguay) 領導游擊隊，爭取獨立。1848 年返回義大利繼續奮鬥，1859 年率領一支志願軍，反

抗奧地利。1860 年加里波底已成為義大利
一股強大的政治勢力。

圖 27：伊曼紐爾二世

　　基本上，加富爾與加里波底的關係是
既合作又猜忌。加富爾暗中支持加里波底
「解放西西里」(liberate Sicily) 的冒險計畫，
讓加里波底於 1860 年 5 月得以順利登陸
西西里。加里波底率領的千名紅衫軍 (Red
Shirts) 立即獲得西西里農民支持。這支游
擊隊很快就拿下西西里的重鎮巴勒摩，然
後越海，朝義大利半島進軍，征服那不勒
斯，準備進攻羅馬，對付教宗。加富爾鑑於
事態發展超過預期，而且攻擊羅馬將觸發
與法國之間的戰爭，乃派遣薩丁尼亞軍隊
佔領教宗國領地（不是羅馬），阻止加里波底的軍事行動，並在佔領地
舉行公投。加里波底軍中急進分子大表不滿，要求自行其是，但未獲
加里波底同意。他秉持愛國理念，未與加富爾決裂，反而讓義大利南
部的人以投票方式加入薩丁尼亞。因此當加里波底與伊曼紐爾二世在
那不勒斯並肩接受群眾歡呼時，義大利北部與南部的統治者與人民已
象徵性的統一了。

　　就義大利統一而言，儘管南北達成共識，但教宗的立場仍關係局
勢的發展。統一之前教宗受法國保護，在法國力挺之下，教宗可以隨
時出走。對義大利而言，如果羅馬的教宗未加入統一，仍是美中不足。
1867 年 10 月加里波底號召志願軍攻擊教宗軍隊，拿破崙三世派軍前
往協助，11 月 3 日法國與教宗軍隊在芒通 (Menton) 擊敗加里波底志
願軍。義大利政府逮捕加里波底，法軍駐防羅馬，法國外長洛奇
(Roucher) 並宣佈義大利軍不得進入羅馬。但隨著拿破崙三世於 1870
年 9 月在普法戰爭中的色當 (Sedan) 一役戰敗，法軍撤離羅馬，不再保
護羅馬，使義大利國王伊曼紐爾二世得以進軍羅馬。教宗軍隊撤出羅

馬由海路出走，教宗國舉行公投，同意與義大利合併。義大利國會也
通過將國都由佛羅倫斯遷往羅馬，並同意教宗得保留在梵蒂岡的權位。
1871 年義大利遷都羅馬，統一大業完成。

　　歷史對義大利統一的年代有二種依據：第一種是根據義大利宣佈
統一的年代，第二種是遷都羅馬的年代。1861 年 3 月在杜林 (Turin) 召
開的會議，正式宣佈義大利王國成立，但此時義大利北方的威尼西亞
仍在奧地利人手中。1866 年義大利人藉普奧戰爭，與普魯士結盟奪回
威尼西亞。1870 年藉普法戰爭，乘機控制羅馬。1871 年定都羅馬，義
大利終於完成統一大業。

第三節　文化表現

　　1714 至 1814 年的義大利處於拿破崙入侵，國勢衰敗時期，無論
在政治或經濟方面皆是負面大於正面，但若從文化角度審視，可以發
現這是義大利文化的新轉捩點。這個時期義大利文化可以用「巴洛克」
(Baroque) 一詞代表。該詞源自何處，眾說紛紜，解說不一。有說是一
種繁瑣的神學討論，也有說是曖昧的買賣行為。最通俗的說法是根據
葡萄牙語 baroco，將之視為畸形怪狀的珍珠。啟蒙時代對巴洛克的認
知，貶意多於贊許，但到十九世紀之後，巴洛克獲得較高的評價，意
味著從文藝復興走向成熟的現代文化，顯現了近代文化的本質。

　　巴洛克藝術於十七世紀源起於義大利。隨著文藝復興的式微以及
義大利地區政治動盪不安，義大利在面對日耳曼地區的基督新教改革，
以及英國、荷蘭等經濟發展的衝擊，認為重整義大利的歷史地位是天
主教徒的使命，他們要以創新的藝術及華麗非凡的教堂建築將信徒拉
回天主的懷抱，於是晚期文藝復興的表現及風格過渡到一個新的路線，
催生了巴洛可文化。

　　巴洛可藝術表現最具代表性的地方是羅馬。自日耳曼人入侵羅馬
之後，該地逐漸沒落，原為帝國首府，至中世紀只剩下不到五萬人口

圖 28: 貝尼尼 (Bernini) 的「聖泰瑞莎的狂喜」 貝尼尼為巴洛克時期重要的藝術家，此作品描繪聖泰瑞莎夢見一位天使用上帝之箭穿入其心的情境。雕刻生動、寫實且富情感，並運用光線傳達意境，將對宗教的狂喜暗喻為世俗感官的刺激。

的城市。文藝復興初期試圖恢復舊觀，但成效有限，至巴洛克時代積極改造。十七世紀，新教堂、修道院、主教官邸紛紛建成，氣象萬千，其中以耶穌會在羅馬總部興建的耶穌教堂最具代表性。大教堂建有拱捲型、屋頂空透的主廳，兩旁側廳有一連串的小禮拜堂，主廳與祭臺展現了強烈的宗教氣息。這種建築沿襲了文藝復興的傳統，門面採上下兩層加上渦捲的形式，柱子的排列和重疊的山牆，加強中央突出的效果，表現出巴洛克的效果。

小 結

統一是義大利的盛事，歷史的包袱、外力的干預，影響統一工作的進行，但在啟蒙運動以及法國大革命的衝擊之下，義大利人不能自外於歷史潮流。加富爾生逢其時，掌握時代脈動，得以完成統一大業。由 1861 至 1871 年歷時十年，其中教宗國的態度左右情勢的發展，並影響了統一後義大利的國情。

義大利統一與德國統一情境相近，但發展則迥然不同，其理何在，史家好奇。兩者都經由一位英雄人物領導而完成統一大業，但由於兩位領導者信念不同，發展也不一樣。加富爾篤信自由主義、憲政主義(constitutionalism)，採用外交手段進行統一，以外交技巧進行溝通。俾斯麥（Otto von Bismarck，1815～1898 年）則為保守主義者，採用鐵血政策統一德國。加富爾認為政黨是國會民主的要件，但他本人卻不是政黨領袖，因此義大利統一後仍存在分離狀態，而德國卻能建立一個統一的帝國。

Italy

第 II 篇
現代的義大利

第六章
統一至法西斯時期

　　這段歷史以 1871 至 1920 年間為區隔，也就是從統一到一次大戰結束，主要的內容在整合全民意志，達成實質統一。可以分為兩個階段：第一階段由 1871 至 1896 年，可稱為統合期，二十五年內換了十一任內閣；第二階段由 1896 至 1920 年，可稱為動亂期，二十四年內，換了十六任內閣。由於內亂無法擺平，人民求治心切，獨裁強人應運而生。墨索里尼（Benito Amilcare Andrea Mussolini，1883～1945 年）的訴求符合期待，導致法西斯政權野心得以在義大利得逞。

第一節　統合期（1871～1896 年）

　　統一後的義大利隨即陷入困境，過去所執著的理想——自由、獨立、統一，如今面臨考驗。當理想蛻化為現實時，一切美好都相對褪色。過去所夢想的人間天堂 (Earthly Paradise) 如今變成人間的苦難。現在政府所面對的任務比以前將奧地利驅逐出義大利北部，及佔據羅馬更為艱難，現在統治者的問題是「如何凝聚義大利人的認同感」。隨著時序的進展，如何不讓「統一」變成一種嘲諷，甚至空洞的口號，或誇口之談，使人民的心理從「等著瞧」(wait-and-see)，變成「有得

看」，是統治者亟需努力的，但答案往往令人失望。二十年的整合，義大利人由期待君主立憲到全民共和，最後卻走向專制獨裁，是歷史的包袱？還是命運的作弄？總之，義大利人的苦難又增添了一段歲月。

一、難　題

義大利統一形式大於實質，究其難題有：

㈠南北的差異

北方接近歐陸，文化水平較高，南方則相對落後，僅能算是歐洲邊陲國家。西西里島黑手黨 (Mafia) 更是惡名昭彰，從此南北猜忌，敵意難消。加上地方勢力根深柢固，中央政府建設不易，既無類似法國的歷史傳統，又有地方舊勢力的抗衡，因此如何維繫地方與中央的關係是一項重大的難題。國家統一之後，各地方選出的代表多關心自身的事務，特別是一些瑣碎小事，影響國家政務推動。嚴格說來，義大利的統一只是少數中產階級的理念，廣大的群眾，包括農人、多數中產階級以及擁有土地的貴族反應冷淡，這種情形持續近二十年。至1890 年為止，義大利人對統一的認知，仍多限於文化層面，特別是古典文化或 1300 年以來的義大利文學，至於在其他方面，各階級少有交集。北部皮埃蒙特貴族的價值觀和外表與中部托斯卡尼以及南部地區不一樣，北部中產階級樂於生活在自由理念之下，南部的中產階級則熱衷統一運動。北、南部的農人對統一的看法也不相同。

㈡教宗對義大利的立場

天主教神職人員熱心政治，但遵循教宗的指示，其立場關係著義大利政治穩定。大致說來，教宗對義大利國懷有敵意，儘管教宗李奧八世的立場溫和，但教宗國的態度仍僅止於關注當地人的事務，天主教神職人員熱衷政治屬於個人的行為。義大利政府在 1871 年通過《保障法》(Law of Guarantees)，表明義大利新政府尊重梵蒂岡對所在地的實質與精神領導權，但教宗並不領情。1874 年頒佈通諭，禁止天主教神職人員參加政治活動，而影響了義大利的政黨活動。至 1890 年代為

圖 29：教宗雖失去統治羅馬
的權力，卻依然堅持其擁有
精神領導權。

止，梵蒂岡的立場不曾改變，教宗也表示不會讓步。到了庇護九世和
李奧十三世時，出現轉機，態度軟化，表示可以對實際需要做些讓步，
不再堅持要將羅馬歸還教宗，但仍強調義大利政府無權從事精神領導，
在這方面毫無妥協餘地。

㈢國內的派系之見

　　義大利統一後採君主立憲制，由國王及國會主持國政。國王權力
有限，國會採兩院制，上院由國王指派，下院係由少數有錢人選出。
隨著環境的變遷，義大利下議院對內閣的影響力大於國王。

　　政黨運作影響國會選情，西歐國家政黨黨性鮮明，義大利各政黨
則缺乏明確的黨性，造成國會中沒有一個政黨可以長期執政。此外，
國會的運作不在政黨的政見，而有賴左右逢源，討好多數的領袖，導
致政治的發展不穩定。義大利政黨可以分為擁護君主派 (Monarchist)
與反對君主的共和派 (Republican)，或者說是國王派 (King) 與加里波

底派 (Garibaldi)，聯邦派 (Federalist) 與中央政府派 (Central Government)。各派以私利為重，支持王權者多為自由派人士，可以分為左右兩股勢力；共和派則以繼續馬志尼與加里波底的理想為原則。

這種發展有其歷史背景，自由右派實際上承續了加富爾的政府組織形式，具有寡頭政治或小團體傾向，不太相信民主與民眾，尊重法律與個人自由，希望建立一個中央集權的國家。自由左派人士則反對加富爾理念，雖然主張君主立憲，但較接近民眾，主張擴大選舉範圍。共和派分子主要是承續馬志尼及加里波底的理念，懷疑新的立憲政府能夠實現統一運動的理想。而共產主義分子則是受到蘇俄工人國際的影響。從十九世紀至二十世紀之間，義大利政黨林立，主要的政黨有社會黨、共和黨、人民黨、共產黨、自由黨等。

(四)貧窮問題

十五世紀以前，地中海航運發達，刺激義大利商業發展，城市繁榮，人們生活富裕。轉入十六世紀，大西洋航運開展，工業生產日增，義大利地理優勢不再，經濟轉趨衰退。至 1870 年除了北部地區有少許鐵路及一些工業設施之外，全國大部分地區以農業生產為主，發展落後。儘管上層統治階級有心改善現況，但心餘力絀，受限於社會結構及歷史包袱，特別是南部地區有 90% 的文盲，貧窮問題依舊，而如何打破舊社會體制、改善經濟成為統治當局的試題。

二、政治運作

義大利統一之後即進入現代憲政國家之林，由於長期以來受外國勢力干擾以及地方邦國自治影響，中央集權的君主立憲制度較符合現實需求。1848 年阿伯特為薩丁尼亞王國所擬定的憲法被引用為依據的範本，雖然有人希望 1861 年能制定新憲，但加富爾仍選擇保留薩丁尼亞憲法的精神，只是針對時代需求對某些條文內容予以修正。

(一)政府體制

1861 年憲法將義大利政府定位為憲政政府 (constitutional

圖 30：義大利南部坎帕尼亞的露天小學，顯現學生受教育的環境相
當克難。

government) 與國會政府 (parliamentary government)，國會與國王的關
係決定了國家的命運。行政組織採法國省區制度，全國劃分若干省分，
省之下設區，區之下設市鎮。省長由中央指派，並有經選舉產生的省
議會或省委員會。市長由政府任命，多半來自中央政府官員。市政由
選舉產生的市議會以及由市議會所組成的市政府管理。市鎮行政以地
方事務為限，政府可以否決市鎮的決定。

　　中央政府由國王任命的內閣及部長會議組成，部長會議由國王委
任一位部長，也就是內閣總理主持。依據憲法第六十五條規定，國王
有權提名或解散部長會議，且不受部長會議約束，各部權限也沒有明
確的規範。國王有權解散國會，並在法定時間內召集新國會。

　　立法機構採兩院制，分別為參議院 (Senate) 與下議院 (Lower
House)。參議員由國王指派，下議院議員經由選舉產生。首次國會選

舉於 1861 年舉行，選舉人資格很嚴，全國只有 2% 的人口，約六十萬左右有選舉權。議員為無給職，多關心自身的利益，推動有利自己的政策。下議院擁有實權，特別是對財政的主導權。統治者為了通過法令，推動政策，遭遇困難時會採解散國會方式，改選配合度高的國會，便利行事，但也影響政局動盪不安。

(二)政府運作

義大利的行政大權在國王與內閣手中。自 1861 至 1900 年間先後有伊曼紐爾二世及翁貝托一世（Umberto I，1878～1900 年在位）兩位國王在位，具有相當大的政治權力，任命各部會首長、擔任軍事統帥、調度軍隊。國王寵信的助理具有相當實權，特別在黨務及外交事務方面，經常以維持國家秩序之名箝制新聞自由、集會自由。內閣方面，義大利自由黨（Italian Liberal Party，義文：Partito Liberale Italiano，簡稱 PLI）人士獲重用，分為左右兩派，差異有限。1870 至 1876 年為自由右派 (Liberals of the Right) 執政，1876 至 1887 年為自由左派 (Liberals of the Left)。在野的以共和黨 (Republican) 勢力最大。內閣總理從 1861 至 1900 年先後共有二十二任。其中以蘭札（Giovanni Lanza，1869～1873 年在職）、明蓋蒂（Marco Minghetti，1873～1876 年在職）、德普雷蒂斯（Agostino Depretis，1876.3～1878.3；1878.12～1879.7；1881.5～1887.7 在職）、卡伊羅利（Benedetto Cairoli，1878.3～1878.12 和 1879.7～1881.5 在職）、克里斯皮（Francesco Crispi，1887.7～1891.2 和 1893.12～1896.3 在職）較具代表性。

1.自由右派

蘭札及明蓋蒂內閣屬自由右派，施政重點在處理國家收支平衡，雖然達到目標，卻引起民怨。這段期間義大利政府充滿活力，統治者除了個人的行政風範獲好評，在行政上也有許多成就，例如穩定金融體系，使國家財政免於破產；加強交通建設，修建鐵路，由一千五百公里至六千五百公里，闢建公路一千四百公里；提升電訊服務；加強碼頭、港口設施。最大的困擾是改善教宗對新政府的態度。基本上教

宗反對政府，因為政府廢除神職人員免服兵役，引起教宗強烈反彈，要求天主教徒必須服從教廷的政策。新政府關切教宗的動態，特別是教宗與法國的關係，不能讓教宗受法國利用來反義大利。於是伊曼紐爾二世前往維也納、柏林訪問，拉攏奧國與德國來制衡法國，獲得德國皇帝老威廉一世 (William I) 及奧國約瑟夫 (Franz Joseph) 善意回應。

2. 自由左派

右派執政到 1876 年，由於鐵路收歸國營政策遭到反對，引起內閣危機，國王為平息眾怒，改任命自由左派人士組閣。1876 年 3 月德普雷蒂斯出任總理，由 1876 至 1887 年間，除了中間兩次短暫下臺外，前後長達十一年。任內推動「掉閣政術」理念，試圖消除左右兩派的成見，擺脫對立，成立聯合政府。對義大利而言，這種構思曲高和寡，說是容易，實踐不易。義大利長期處於分離狀態，黨派之見不是政綱，而是地域與私人成見。因此和解所帶來的只是空洞的形式，反而模糊了自由派人士對政黨的認識，給予極左派（包括急進人士及共和黨人士）空間進行串聯，並藉此提出政綱。

德普雷蒂斯施政以改革為優先，任內通過《免費普及初級教育法》，不強制宗教課程。另外，選務革新頗受矚目，選民人數由 2% 增為 7%，從六十萬增至兩百多萬人，但仍有最低教育程度規定。這項規定將許多農民排除在外，對南部教育水準低落的地區並不公平。在義大利，選民的統計數目多於實際，此因羅馬教會自 1860 年即規定，天主教徒「不參加選舉，亦不得被選」，使得真正選民人數較實際少，民意代表性不足。經濟方面，德普雷蒂斯內閣力求稅賦公平，特別是南部貧窮地區，增加地方自治。

在消除黨派歧見的理念下，為了討好雙方，他的政策往往搖擺不定：一方面要減少向外殖民，一方面又要將義大利擴張為現代強權；既強調預算平衡，又主張農業改革；鼓勵自由貿易，又要求國家管理。這種兩面討好所造成的結果是派系要求更多，追求私利更重，但也喚醒義大利人對統一的進一步體認。二十年來，義大利人的統一存在虛

幻之中，脆弱不堪，根本無法有效進行統一運作，所以義大利人覺悟到他們需要的是一個強大的政黨，一個可以整合不同意見的政黨，而不是拼湊的自由主義。這種期待促成義大利社會黨 (Italian Socialist Party，簡稱 PSI) 的成立。

德普雷蒂斯在位期間曾延用克里斯皮出任內政部長 (Home Office)，但卻遭前內政部長尼可特拉 (Giovanni Nicotera) 反彈，向報館揭發其私德問題，迫使克里斯皮退職，德普雷蒂斯亦隨之辭職。德普雷蒂斯任內兩度下臺 (1878.3～1878.12；1879.7～1881.5)，均由卡伊羅利接任。

卡伊羅利並不是位傑出的政治人物，他標榜「誠實外交」，使義大利外交受制於俾斯麥的實用主義，以致一無所成。此時歐洲各國紛紛向外擴張，英國要求塞浦路斯 (Cyprus)，奧國染指波士尼亞 (Bosnia)，法國積極吞併突尼西亞 (Tunisia)，並佔領阿爾及利亞 (Algeria)，引起義大利緊張。法、義關係趨於惡化，俾斯麥見縫插針，掌握時機，向義大利示好。早在俾斯麥統一德國時，就曾試圖成立德、奧、俄陣線，對付法國，但柏林會議❶後，俄國改變心意，俾斯麥轉而拉攏義大利。雖然義大利與奧國長久以來互信基礎薄弱，互不見容，合作不易，但經他努力遊說，1882 年德、奧、義三國組成「三國同盟」 (Triple Alliance)。

卡伊羅利對法國的擴張行為，反應拙劣，遭人物議，進而下臺。德普雷蒂斯再度組閣至 1887 年，後病死於任上。克里斯皮奉命組閣，前後兩次。克里斯皮早年為加里波底的革命軍成員，反對教宗干政，支持三國同盟對抗法國。第一次內閣期間大力推動行政和司法改革，

❶1878 年 6 月 13 日至 7 月 13 日在柏林召開，處理俄土戰爭 (1877～1878 年) 後巴爾幹半島的問題。會議結果似乎讓歐洲避免了一次大戰，但問題猶存。

制定市政和省政法律。1881 年時已放寬選民資格限定，從二十五歲降為二十一歲，以及選舉人的納稅標準，使得選民人口數由六十萬人增至兩百萬人，較大城市的市長和省委員會主席由選舉產生，取消死刑，改革宗教活動，制定《衛生法》。後由於財政赤字依舊，加上銀行破產，經濟情況不見改善，被迫下臺。第二次組閣時，西西里發生硫磺工業危機，工人暴動，社會主義人士漸獲支持，克里斯皮藉口西西里的社會主義人士與法國、俄國勾結，派軍鎮壓，引起議論。此外，派軍前往阿比西尼亞（Abyssinia，後改名衣索比亞），試圖在東非建立殖民帝國，可惜出師不利，1896 年大軍在阿多華 (Adowa) 遭挫敗，導致內閣垮臺。

第二節　動亂期（1896～1920 年）

歷經二十年的磨合，義大利各派系之間的衝突出現新的發展。自由主義的左派與右派既缺乏新意，又未能達到統合預期目標，使得人們對君主主義的期待由希望轉為失望。而馬志尼及加里波底的共和理念與馬克思共產思想，為人民燃起一線生機，獲得重視，社會主義思潮逐漸風行。1890 年義大利學界開始熱衷討論馬克思的理論與實踐。1896 年社會黨抬頭，從此義大利政權轉入社會黨手中。

一、政局變遷

由 1896 至 1920 年義大利政局處於動盪不安之中，內閣異動頻繁，二十四年內，更換了十六任閣揆，有路迪尼 (Marchese di Rudini, 1896.3～1898.6)、裴盧 (Luigi Pelloux, 1898.6～1900.6)、薩拉科 (Giuseppe Saracco, 1900.6～1901.2)、扎納爾代利 (Giuseppe Zanardelli, 1901.2～1903.11)、焦利蒂 (Giovanni Giolitti, 1903.11～1905.3)、蒂托尼 (Tommaso Tittoni, 1905.3.12～1905.3.28)、福爾蒂斯 (Alessandro Fortis, 1905.3～1906.2)、桑尼諾 (Sidney Sonnino, 1906.2～1906.5)、焦利蒂

(1906.5～1909.12)、桑尼諾 (1909.12～1910.3)、盧扎蒂 (Luigi Luzzatti, 1910.3～1911.3)、焦利蒂 (1911.3～1914.3)、薩蘭達 (Antonio Salandra, 1914.3～1916.6)、波斯尼 (Paolo Boselli, 1916.6～1917.10)、歐蘭多 (Vittorio Emanuele Orlando, 1917.10～1919.6)、尼蒂 (Francesco Saverio Nitti, 1919.6～1920.6)。其中焦利蒂組閣三次 (在這之前已組閣一次, 共計四次)，桑尼諾組閣兩次，其餘在位期限短暫，義大利的混亂可見一斑。

(一)路迪尼、裴盧主政

克里斯皮下臺之後義大利政權從自由主義左派回到右派人士手中，路迪尼和裴盧先後擔任首相，其間政局不安，罷工事件頻傳。路迪尼於 1896 年第二度組閣 (1891 至 1892 年曾組閣一次) 時，民眾與上層階級之間因經濟問題發生嚴重衝突，政府應對無方，喪失威信。1898 年 5 月 6 日至 9 日，米蘭發生動亂，工人與駐軍衝突，八十人喪生，軍方宣佈戒嚴，全面戡亂，取締報紙，解散政治團體，逮捕無數社會黨人、共和黨人和天主教徒，判處重刑，引起民怨，刺激人民轉而支持自由運動及急進黨派。

路迪尼下臺後，由裴盧將軍繼之，為了平息國內騷動，他提出《公共安全法》(Public Safety Law)，擬訂一系列反對集會、結社、出版自由的規定，限制輿論與公共集會，並得放逐政治犯。此議甫經揭露，一片譁然，反對聲浪四起，然裴盧不為所動，堅持頒佈政令，強行實施這些規定，但遭最高法院否決，視之為違憲。議會則因反對派勢力看漲，被迫解散。1900 年 6 月舉行選舉，極端左派勢力得勢，裴盧辭職，義大利重組新內閣。

1900 年義大利國王翁貝托一世在訪問蒙札 (Monza) 鎮時遭無政府主義者布里西 (Gaetano Bresci) 暗殺，新王伊曼紐爾三世 (Victor Emmanuel III) 繼位，主政四十六年，於 1946 年被罷。伊曼紐爾三世首先請左派人士扎納爾代利組閣，延攬右派人士出掌外交，為義大利帶來新的氣象，被視為統一以來最繁榮的時期。扎納爾代利新政府作風

開明，尊重工人組織活動，給予工人行動自由，不再反對罷工自由，因而這段時間罷工頻頻。工人階級的生活水準雖然因此獲改善，但社會動亂的情況日趨嚴重。1903 年扎納爾代利下臺，由焦利蒂主政。

(二)焦利蒂主政

焦利蒂於 1903 至 1914 年先後組閣三次 (1903～1905; 1906～1909; 1911～1914)，屬於「多數派變化型」內閣，成員包括保守分子、自由分子、激進分子。焦利蒂來自皮埃蒙特地區，是位實事求是的人，缺少理想，講求效益，行事果斷，不受道德束縛，強調維持國家秩序甚於追求社會公正，並認為這是讓義大利擺脫貧困及二流國家最好的辦法。執政之初，即設法在工人階級中創造新富，誘使社會黨與政府合作。他曾表示，維持低工資雖然對企業家有利，但對國家利益不大。政府應在勞資糾紛中，保持中立立場，不要讓工人階級敵視政府。任內提出一連串社會改革方案，討好工人，包括禁止雇用十二歲以下的兒童，婦女工作不得超過十一小時，週休一日，並為某些職業病與老人設立基金。另方面，致力推展義大利工業，包括傳統產業和新興工業。在他的努力之下，絲織業在第一次世界大戰之前擁有三分之一的世界市場佔有率，汽車業、化學工業如硫酸、橡膠開始發展，其中以汽車業最受矚目。1899 年飛雅特 (Fiat) 在杜林建廠，1904 年伊斯塔・弗拉斯基公司 (Isotta Fraschini)，1906 年蘭吉雅 (Lancia)，1906 年愛快羅密歐 (Alfa Romeo) 等紛紛建廠，享譽國際。歷史記載將這段時期稱為「焦利蒂時期」。焦利蒂推動工業振興了北部地區的經濟，但對南部以農業為主的經濟卻助益不大。隨著科學發展，農業技術獲得改良，農業人口閒置，部分農人移民北方從事勞力建築工作，另外則移民海外。二十世紀初有四百萬人離開南部前往國外，多半前往美國。

焦利蒂兩面討好策略，引起黨外中產階級不滿，黨內人士分裂，左右團體對抗，使得他在社會黨內進退失據，轉而尋求議員中的天主教徒（不是天主教議員）支持。他在罷工中採取中立立場導致問題更加複雜，勞資雙方推卸責任，情況有如雪上加霜。在國會中為了要拉

攏南方議員以維持在國會中的多數，採用不同的標準施政，北部實行工業現代化，南部維持莊園經濟，造成義大利南北失衡的不正常發展。社會黨分裂為兩派，一為改革派，一為革命派。改革派人士走實用主義路線，與人道主義結合。革命派人士受新思潮影響，重視意志、直覺，走暴力與神話路線，試圖透過總罷工來奪取政權。

至 1914 年，由於政府無法擺脫天主教對施政的影響力，安撫反教會的激進分子及社會黨人，加上取締工人罷工事件時，不慎發生警察殺人，導致群眾不滿，焦利蒂下臺。保守的薩蘭達上臺後，情勢未見好轉，各地發生暴動。在「紅色星期」(Red Week) 中，公共設施、鐵路遭破壞，稅務機構被劫掠，電話線中斷，軍隊出動平亂。

焦利蒂主政領導義大利經濟邁向現代化，引起知識分子憂心，他們紛紛提出警告。克羅齊（Benedetto Corce，1866～1952 年）發表「理想主義」看法，認為追求財富將侵蝕社會結構，群眾騷動將剝奪知識分子在政治上和道德上的領導地位。義大利知識分子發行刊物《聲音》(La Voce)，希望能建立一個「知識分子黨」。他們認為，儘管現代化的事物值得稱許，但飛機或汽車並不會使生活變得更加舒適或輕鬆，而且恰恰相反，生活會變得更刺激、不安全。隨著經濟的惡化，這些言論越來越受到關注和同情，他們的主張也被具體化為政治綱領，為後來法西斯所引用。

第三節　外交表現

探討義大利統一後的外交必須先了解其地理結構，大致說來義大利的地理係由丁字型山脈所架構成的一個馬靴型半島。橫的是阿爾卑斯山，直的是亞平寧山，全國邊界四分之三為海岸線，北方與歐陸國家奧地利、法國相鄰，海岸地區跨亞德里亞海與地中海，全國有三分之二疆界為海界。任何大西洋國家試圖經由直布羅陀海峽與蘇伊士運河前往東方，特別是英國與西班牙，必然與義大利發生關係。義大利

為確保其在地中海的地位，因此與英國的關係較為複雜。義大利地理條件不宜北向，因此向東及南發展是其外交的重心，而東邊巴爾幹半島上的南斯拉夫、阿爾巴尼亞、希臘就成為其覬覦的對象。南部非洲的阿比西尼亞、利比亞也成為擴張的對象。

在義大利外交擴張中，第一個重要目標是阿比西尼亞。義大利覬覦阿比西尼亞，原因有二：第一是阿比西尼亞資源豐富，盛產金、鐵、煤、鋼、鉛、雲母等礦產，以及咖啡、棉花等。第二是藉以維持在地中海的勢力。義大利南邊的突尼西亞已於 1881 年的「巴爾多條約」(*Treaty of Bardo*)，成為法國的保護國；東邊的埃及也於 1884 年，根據「黑威特條約」(*Treaty of Hewett*) 由英國支配。義大利為確保其在地中海的影響力，乃發動對阿比西尼亞戰爭。先後三次用兵，第一次在 1887 年 5 月 1 日，第二次在 1893 年 5 月 11 日，第三次在 1935 年 10 月 6 日到 1936 年 5 月 5 日。第一次簽訂「烏起阿里條約」(*Treaty of Wuchale*)，阿比西尼亞成為義大利保護國。第二次戰爭，義大利失利，「烏起阿里條約」取消，但義大利與阿比西尼亞問題並未解決。第三次對阿比西尼亞的戰爭源起於 1934 年 12 月 5 日的烏拉烏拉 (Oual-Oual) 劃界問題。1935 年 8 月 16 日，英、法、義三國代表在巴黎舉行會議，會中義大利意圖獨攬在阿比西尼亞的權力，英、法要求共管，會議不了了之。義大利乃求助國聯，然未獲受理，於是發動戰爭。國聯於 10 月 9 日，決議對義大利實施經濟制裁，但各國各有盤算，制裁行動亦無疾而終。

其次是阿爾巴尼亞。阿爾巴尼亞位於義大利東邊的巴爾幹半島上，介於南斯拉夫與希臘之間，臨亞德里亞海，極具戰略地位，是圖霸巴爾幹半島所必爭，所以不僅南斯拉夫、希臘與義大利有意染指，包括蘇聯、英國、法國、德國、土耳其亦圖謀不軌。

阿爾巴尼亞從十五世紀到二十世紀一直都屬於鄂圖曼土耳其帝國。1912 年巴爾幹半島發生戰爭，塞爾維亞、門的內哥羅、希臘想瓜分阿爾巴尼亞，義大利與奧地利則支持阿爾巴尼亞，同年阿爾巴尼亞

圖 31：利比亞戰爭

宣佈獨立。雖然如此，1913 年 4 月 22 日義、奧簽訂「義奧祕密協定」，該地仍為義、奧兩國角逐之地。一次大戰期間，該國國王潛逃，義大利藉口保護，佔領薩斯諾島 (Sazan Island)、瓦羅那 (Valona)。1915 年「倫敦協定」(*Treaty of London*)，義大利擁有上述兩地，並成為阿爾巴尼亞保護國，但是在巴黎和會中，列強對阿爾巴尼亞政局卻另有安排。1925 年起義大利與阿爾巴尼亞關係日趨密切，1926 年 11 月 27 日義、阿簽「友誼協定」(*Le pacte d'amitie italo-albais*) 共同對付南斯拉夫，並於隔年締結義、阿防守同盟。以後並向義大利借款，使得義大利干涉阿國政局日盛。1939 年 4 月 12 日阿爾巴尼亞國王逃亡，阿國國會議決讓義大利王成為阿爾巴尼亞國王。阿爾巴尼亞於是成為義大利的一省。

　　第三是利比亞。鑑於法國擁有突尼西亞，義大利對利比亞虎視眈眈。另方面，焦利蒂在最後一任內閣內，為了挽回個人聲譽，緩和黨

派對立，藉口去除法國在利比亞的影響力及維護義大利的投資，企圖透過戰爭獲得國家主義分子的支持，於 1911 年假藉保護境內義大利人安全，出兵攻打利比亞宗主國土耳其。土國戰敗，簽「洛桑條約」(*Treaty of Lausanne*)。1915 年「倫敦協定」，密許義大利在利比亞的主權，促使義大利退出三國同盟，加入協約國對德與奧匈帝國宣戰，此後利比亞成為義大利屬地。雖然對土戰爭獲勝，且獲得利比亞，但卻付出重大代價，造成義大利國庫沉重負擔，並使自由派政府地位受到挑戰，助長左派及右派勢力抬頭，帶動國家主義氣氛。

對德國的態度，基本上自 1870 年後採拉攏政策，與德國結盟，對抗法國或奧國的攻擊，希望從奧地利奪回義大利北方的特倫蒂諾 (Trentino)。1877 年德普雷蒂斯派克里斯皮赴歐洲訪問，確定這項策略。會議結果，德國首相俾斯麥允諾支持對抗法國，但不答應對抗奧國，使得義大利希望落空。由於擔心法國在義大利的影響力，特別是對教宗的態度，以及法國共和思想對義大利共和主義人士的激勵，1882 年 5 月與德、奧兩國締結三國同盟。依據該約，義大利與德國共同抵抗法國的侵略，奧國也願意支援義大利。

至於與英國的關係，英國與印度接觸的通路有三：南路、中路、北路。南路沿北非經亞歷山大港而開羅，經蘇伊士運河，入紅海到亞丁灣而印度，其中關鍵的據點有利比亞（屬義大利）、馬薩瓦（Massawa，屬義大利）、索馬利亞（Somalia，屬英、義）、阿比西尼亞、埃及（受英國支配）。英國要維持地中海的通暢，義大利則要打通埃及，讓利比亞與阿比西尼亞連繫。中路由海上進行，英國由馬爾他島走蘇伊士運河往紅海、亞丁、印度。英國以其優勢的海軍控制海上航運，義大利則以空軍控制英軍。北路沿西班牙、法國、南斯拉夫、保加利亞、希臘、土耳其、伊拉克、葉門、亞丁，到達印度。其中以西班牙影響最大，因此英國希望西班牙維持共和，但義大利卻援助佛朗哥。

接著是與法國關係。1870 年前義大利與法國關係除了具有拉丁文化與拉丁語的同文基礎外，法國之法律、度量衡，乃至三色旗、服裝

時尚、行為禮儀都是義大利人模仿的對象。法國的軍援資助義大利統一，貢獻良多，因此義大利人對法國拿破崙三世別有好感，一直信守與法國的約定。但在 1870 年以後出現轉變，對法國產生疑慮，保持高度警覺，究其原因，來自義大利政府與教會的關係不睦。教宗庇護九世反對義大利政府，使得蘭札內閣與明蓋蒂內閣不得不提出對策，廢除神職人員免服兵役法，引起教宗抗議。法國議會中神職人員占多數，義大利擔心此舉將導致教宗倒向法國，一旦法國接走教宗，對義大利勢必造成影響。不過義大利此舉過慮，因為法國人深知德國一向反對教宗，若濟助教宗反將促使義大利與德國接近，因此並未協助教宗。

1900 年義大利的外交政策轉向，開始緩和對法國的緊張態度，放棄過去的對抗政策。是年 12 月義、法簽署「地中海協定」，法國可以追求在摩洛哥的利益，義大利有權入侵土耳其治理下的的黎波里塔尼亞 (Tripolitania)。

但 1915 年「倫敦協定」簽定後，義大利與法國關係又趨於緊張。依據該協定，東北部的里雅斯特 (Trieste) 歸義大利；亞德里亞海對岸的達爾馬提亞 (Dalmatia) 與阿爾巴尼亞的瓦羅那組成伊斯蘭教中立國，受義大利保護；承認義大利在多得卡列斯群島 (Dodecanese) 及利比亞的主權，此外並可獲得德國在非洲的一些利益。這項協定誘使義大利背棄與德、奧的同盟關係，在一次大戰時加入協約國作戰。但戰後的巴黎和會中，這項協定未能兌現，義大利認為是當時和會議長法國總理克魯蒙梭作梗，因而痛恨法國。此外，義大利突尼斯有義僑十三萬人，並想從利比亞擴大影響力，還有「吉布地問題」（義大利語：La question di Djibouti）、科西嘉島、薩伏衣與尼斯的主權歸屬，都導致義、法關係緊張。

上述對外關係中，影響最深遠者要屬第一次世界大戰。1914 年第一次世界大戰，義大利是否參戰成為舉國關切的問題。反戰者所持的理由是，義大利為三國同盟的一員，應站在德、奧的一方，但由於奧地利向巴爾幹半島擴張時不肯給予義大利補償，因而對奧國不滿。政

府藉口該約只是防衛協定，而奧地利在沒有徵詢義大利的情況下，向塞爾維亞宣戰，因此不符合協約條款，決定保持中立；社會黨堅持反戰立場，希望藉由與其他強國協商保持中立而受益；大部分商人則擔心戰爭造成分裂，影響原料進口，故極力反戰。主戰者的態度是，保持中立將使義大利在未來領土分配時被排除在外，參戰有利國家團結；知識分子則視戰爭為拯救世界的手段，是「未來主義的詩歌」，是完成義大利復興運動的機會，其中墨索里尼最具煽動性，宣稱這是一場革命，真正的義大利戰勝了政治上的義大利，英雄理想和愛國主義的義大利戰勝自私、怯懦的政客的義大利。主戰派舉行一連串集會，獲得民意支持，迫使國王接受現實，1915 年 4 月 26 日在英、法對義大利有爭議土地讓步之下，與協約國簽訂「倫敦協定」，並於 5 月 3 日宣佈廢除三國同盟條約，5 月 23 日對奧，隨後對土耳其和德國宣戰。

　　第一次大戰期間義大利共動員兵士五百五十萬人，其中戰死約六十萬人。儘管戰時軍隊士氣低落，但在戰場上則勝負互見，1917 年卡波雷托 (Caporetto) 之役義軍慘敗，遭受重大損失，1918 年義軍反攻時卻將奧軍趕至維托里歐維內托 (Vittorio Veneto)，贏得戰爭的勝利。

　　義大利參加一次世界大戰有得有失，戰爭促進經濟產能擴張，例如飛雅特在 1914 年有員工四千三百名，生產四千八百輛汽車，到了 1918 年員工超過四萬名，生產兩萬五千一百多輛汽車。航空工業在 1914 年幾乎是零，到了 1918 年可以生產六千五百架飛機。戰後義大利政府所面對最大的考驗是如何將軍事工業轉為民間工業。戰爭最大的後遺症是義大利只獲得「殘缺的勝利」，在和會中未能取得位於巴爾幹半島的達爾馬提亞和弗姆 (Fiume) 港，引起國家主義人士不滿，批評政府無能，導致歐蘭多下臺，尼蒂取而代之。國家主義分子鄧南遮 (Gabriele D'Annunzio) 藉機發動軍事政變，1919 年 9 月在軍事將領及企業家的支持之下，進軍弗姆，並佔有此地，長達一年。尼蒂政府因擔心兵變，未派兵鎮壓，導致政府威信盡失。1920 年焦利蒂再度上臺，化解危機，但也讓墨索里尼有了學習的榜樣。

小　結

　　義大利於 1861 年宣佈建國後，歷經十年奮鬥，收復了北部的威尼西亞、中部的羅馬，於 1870 年完成統一大業。1871 年遷都羅馬，從此努力的目標由對「義大利國」的建立到「義大利人」的認同，由「政治」的義大利朝「理想」的義大利發展。由於義大利長期處於分裂狀態，受到不同外力影響，人民無論在生活習性、思維方式，甚至道德觀念都以地方為主，加上地理環境北南差異懸殊，生活條件有別，造成北富南貧，使得統一工作步履維艱，儘管政治版圖確定，但民心背向，難以認同，迄今猶然。

　　統一後的義大利採取君主立憲體制，經由國王與國會的合作維持政府的運作。國王是義大利人的領導，國事則由內閣掌管，內閣總理為執政黨議員，經國王任命，地位重要且顯赫。義大利國會議員選舉採比例代表制，一個政黨只要在一個選區獲得七萬三千至八萬張選票，即可進入國會。這種制度雖然可以融合各方利益，但也造成議會中出現十幾個政黨的亂象，任何政黨皆難以取得過半的多數，因此必須組成聯合政府，共同執政，一旦某個政黨退出就會使國家陷於危機。大致說來，義大利統一的頭十年，政黨可以分為左右兩派，一派主張君主政體及內閣，另一派要求人民有主動權。1870 年之後，兩派的差異消失，但矛盾依然存在政黨之中。右翼繼承加富爾的理念，希望建立一個強國，尊重個人自由，但不相信民主與群眾。左翼雖然也同意君主立憲，但更願意接近民眾，更具有民主傾向，主張擴大選舉範圍，給予獨裁者攬權的藉口。墨索里尼即在這種歷史的條件下獲得義大利人認可，以恢復羅馬人的光榮為口號，喚起義大利人的國家意識，並將義大利帶入二次世界大戰，造成難以抹滅的歷史屈辱。

第七章
法西斯時代

一次世界大戰後義大利陷於經濟危機之中，試圖透過加強爭取海外殖民地消弭困境，使得右翼勢力受到鼓舞。墨索里尼順應潮流，巧妙利用國人圖強的心願，中產階級的恐共思想，還有多黨政治的矛盾與衝突，於 1922 年在歐洲建立第一個法西斯國家，由溫和路線逐漸發展成與德國希特勒納粹黨接近的獨裁政黨，並與之共同發動第二次世界大戰。儘管歷史對法西斯的評價是負面多於正面，但不可否認的是，法西斯在義大利政壇活躍了二十三年（1922～1945 年），有其一定的歷史意義，對義大利而言，這段無法忘懷的歷史記錄，有其非理性的一刻，但也有令人感動的一時。

第一節　崛起的時空條件

「時勢造英雄」，歷史上任何團體的出現必有其客觀因素，而不只是少數人的主觀意願。義大利的歷史條件為法西斯的崛起提供了絕佳機會，墨索里尼的性格恰好合乎時潮的需求，使得法西斯得以脫穎而出，為當時的義大利人接受。

探討法西斯的崛起得由 1871 年義大利統一完成後的時空狀態說

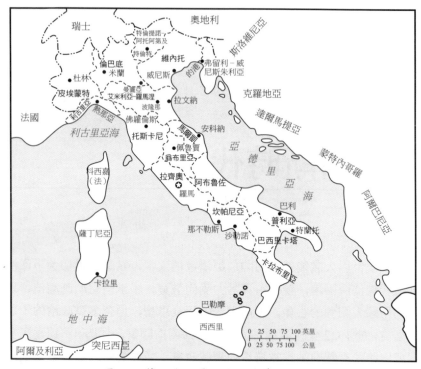

圖 32： 第一次世界大戰後的義大利地圖

起。義大利的統一雖建立了國家 (state)，但並未凝聚義大利族群 (nation)，換言之，義大利徒有國家之名，卻無國家之實。究其原因，統一只是北方中產階級及少數上層人士的意願，而非全民的期待。統一之後的義大利政府如同以往，只顧及北部和上層人士的需要，並未加惠大多數的百姓。對廣大的群眾百姓而言，統一只有政治上的口惠，缺乏生活的實惠。而如何喚起民眾對統一的熱望成為政治的目標。

　　統一後的義大利以國會為行政中心，國會政治係以政黨的取向為運作基準。義大利政黨長期之間因歷史因素，區隔不明，致使國會領袖無法提出明確的政策，只在尋求多數的支持。政治上四大政黨：人民黨、共產黨、法西斯黨、社會黨，互不見容。政客治國不易，只好

圖一己之私，導致嚴重的腐敗貪汙，民怨日深，求治之心越切。經濟方面，南北落差，社會騷動不安，工人罷工情形嚴重，政府放任不管，造成地主與企業主的反彈與不滿。外交方面更是處境艱難，義大利位於歐洲南端，延伸至地中海，四鄰多為強國。北方接壤奧國與法國，國界紛爭一直困擾三方關係。東邊隔亞德里亞海與巴爾幹半島上南斯拉夫相連，土地歸屬導致衝突不斷。地中海方面則與英國勢力起摩擦。由於資源不足，缺乏煤鐵原料，賴國外輸入，因此重視非洲，尤其是突尼西亞的動向，故與英國和法國的關係變得格外重要。這些國家的立場與舉動皆關係著義大利的生存，使得義大利在外交上採馬基維利的現實主義路線，建立地中海的霸權是其主要目標。而如何置身法國、英國、德國與奧國之中，提升義大利的國際地位，考驗了外交的智慧。由於原來的自由政府皆未能滿足人民期待，一次世界大戰義大利雖然戰勝，卻也只獲得「殘缺的勝利」，國人失望之餘，轉而支持法西斯。

第二節　崛　起

　　法西斯與墨索里尼往往被視為連體嬰，義大利人為了洗刷二次世界大戰戰敗的恥辱，將一切的過錯歸於墨索里尼，但最近的歷史研究則有了不同的看法，不再將法西斯視為墨索里尼的化身，而將之作為義大利史的一部分。換言之，法西斯是義大利歷史傳統下的產物，而不是個人的事物，是資本主義的產物。法西斯鼓吹極端民族主義，重振民族的國際地位，服膺社會達爾文主義（弱肉強食），反對馬克思主義，宣揚推動獨裁統治。在現實社會失調時，以克服危機、改造社會、實行擴張來吸引對現實不滿、要求社會改造的中下層民眾。法西斯在義大利出現不是歷史的插曲，而是義大利歷史的過程，是義大利由1871 至 1918 年對統一的反省，是義大利人在內憂外患之下國家意識企圖心的展現。它再現了人民的焦慮與期待，卻扭曲了民意，為義大利人帶來了災難，也暴露出義大利建立一個民族國家的難題。

　　墨索里尼出身中下層家庭，父親從事鐵匠工作，為社會黨分子，母親為小學老師。受父親影響，對出身高貴的人士懷有敵意，不滿現有的社會秩序。求學期間不滿貧窮學生受歧視，一度因傷害老師而遭退學，幾經挫折，終於畢業。踏入社會，由於個性叛逆，工作不順，一度坐牢，在社會黨人士的協助下獲救，從此對政治產生狂熱，不久即擔任佛里 (Forli) 地區的社會黨聯盟 (Socialist Federation) 祕書，創辦了《階級爭鬥》(La Lotta di Classe) 週刊，開始其從政的歲月。此時社會黨的立場是拉攏工人，走體制內改革路線，對國會裡的中產階級施壓，要求政府對勞工讓步。這項策略引起社會黨內急進分子不滿，他們自許為正統馬克思信徒，強調只有用暴力對抗資本主義制度才可能達到目標，而任何的妥協都是叛徒。

　　社會黨內主張妥協人士在焦利蒂執政期間佔多數，處於優勢。焦利蒂於 1911 年發動對利比亞戰爭，重創了溫和派，壞了大局。由於社會黨一向反戰，使得革命分子有反政府的藉口。墨索里尼站在反戰立場，鼓吹佛里社會黨人士退出社會黨，堅持馬克思路線。他極力阻撓與利比亞的戰爭，破壞運兵火車，因而被捕，關了五個月，出獄之後，聲名大噪。在稍後社會黨大會中，妥協派失勢，革命派取得社會黨黨內的實權，墨索里尼也在此時奠定了他的地位。一次大戰爆發時，墨索里尼在米蘭《前鋒報》(Avanti) 撰文，仍堅持反戰，譴責戰爭是階級聯合行動，為了國家及軍國主義，犧牲了個人的自主性與自由。

　　墨索里尼雖富組織才能，具群眾魅力，吸引各派人士認同，但天賜良機也是重要關鍵。由 1918 至 1920 年間，義大利經濟問題嚴重，軍隊復原和生產不足，使得失業人數急遽攀升，物價指數上漲，通貨膨脹情形嚴重，農民生活遭重大打擊。受俄共宣傳影響，工人罷工及強佔工場情形嚴重，從 1919 至 1920 年「赤色兩年」(red biennium) 中，工人運動達到高潮，全國陷入緊急狀態，由工團主義或無政府主義領導的工人運動，在各地展開活動。他們缺乏理念，也沒有方向，至 1920 年下半年經濟情況惡化時，許多支持者態度轉變，由左轉右，激勵法

西斯發展，修改綱領，拋棄原來的口號和要求，強化極端民族主義、國家至上，領袖至上等，並與社會黨爭地盤。1919 年 3 月 23 日「戰鬥的法西斯」(Fasci di Combattimento) 在米蘭成立，這是義大利資產階級為了阻止社會主義革命的道路而選擇的一種獨裁、保護主義路線。

第三節　執　政

　　法西斯係由工團主義分子、未來主義分子和社會黨中一些不滿分子組成，持激進態度，1921 年組成「法西斯行動隊」(squadre)，成員包括學生、小自耕農、佃農、退伍軍人。他們敵視社會主義，主張暴力，宣稱要將義大利從布爾什維克暴政統治中拯救出來，藉愛國之名，殺害異己，以暴力方式對付社會黨人。1921 年大選，焦利蒂允許墨索里尼和法西斯主義分子進入政府黨派，希望將他們納入體制之中，緩和其急進作法，使得法西斯在國會中獲得三十五席。在政府的姑息之下，1921 年 10 月「國家法西斯黨」(Partito Nazionale Fascista，簡稱 PNF) 成立，墨索里尼的地位確立。1922 年 8 月 1 日社會黨發動罷工，法西斯「行動隊」在政府及社會的縱容之下，進行暴力行動。許多剛退役的軍人獲令協助法西斯行動，充當領導人。在地主提供資金、武器與車輛之下，法西斯製造各種白色恐怖，並展開革命。1922 年 10 月 28 日「進軍羅馬」(March on Rome)，三萬名法西斯分子分數路向羅馬出發，起初內閣和國王準備動用軍隊阻擾，但由於王室中的重要人物以及貴族皆表示反對，使得義大利國王不得不於 1922 年 10 月 29 日在法西斯軍隊未抵羅馬時即邀請墨索里尼組閣。

　　1922 年後墨索里尼展開奪權，一面剷除異己，一面擴大吸收黨員。為贏得美好形象，未採用暴力。1923 年吸收了大批國家主義分子，包括軍事將領、學者、高級知識分子、富商，利用他們在政治上的影響力，彌補法西斯的草根性，提高法西斯黨員素質。1923 年擬訂「阿切博法案」(*Acerbo Law*)，廢止了 1919 年國會選舉的比例代表制。該法

圖 33：1922 年「進軍羅馬」

規定，政黨在國會大選中只要獲得四分之一的選民同意，即可擁有國會三分之二的席位，消除長久以來義大利政府的不穩定，為墨索里尼專制奠定基礎。1924 年大選，他親自擬定候選人名單，拉攏各派友好人士，暗中派人操作地方選舉，尋求勝選。這項威脅利誘的策略奏效，墨索里尼獲得 65% 選票，掌握了新國會，但遭社會黨領袖馬泰奧蒂 (Giacomo Matteotti) 反對。1924 年馬泰奧蒂失蹤，被暗殺，墨索里尼在眾多政治人物的質疑下，為保住法西斯黨的地位，以此為藉口，打壓異己，取締法西斯以外的所有政黨，解散國會，中止民權，設立特別法庭，將個人的獨裁合法化，成為獨裁者。義大利從此由君主立憲國家轉型為法西斯國家。

法西斯是一種「獨裁民主政體」，也是一種「極權民主主義」，維持君主政體形式，保留薩伏依王朝地位，但規定國王必須任命法西斯黨領袖為政府首長，擁有最高權力，代表人民願望，監視公民投票或人民集會。以黨領政方式統治，墨索里尼本人控制幾個重要部會，國王任命一些不重要的部長。1923 年 1 月法西斯大會成立，由部長及黨要員組成。政府具有行政權，得頒佈行政命令，但須經由法西斯化的

圖 34：墨索里尼法西斯執政初期，徵召四歲以上的男孩
接受軍事訓練。

議會通過。形式上保有參、眾兩院，1928 年修改《選舉法》，規定下
議院議會產生的程序是，先由全國各工會組織及其他全國性團體指定
候選人小組推選一千名候選人，交法西斯最高委員會從中圈定四百人，
再由選民做包裹性的投票，如果贊成超過半數，則四百人全部當選，
形成了由法西斯黨與勞資組合的眾議院。1938 年法西斯取消下議院，
以「法西斯黨和職團議會」，代替成員包括法西斯最高委員會、法西斯
全國委員會和職業團體組織中央領導人。此外並對地方行政進行重大
改革，解散省市議會，廢除經選舉產生的議長，代之以政府任命的行
政長官和協商機構。至於在立法方面，以墨索里尼為首的法西斯最高
委員會起草了大部分的法律和法令，交議會討論，使得議會成為橡皮
圖章。

　　由 1922 至 1945 年，法西斯政府從受人民愛戴到被唾棄，其間功
過是非，見人見智，但綜觀所為，主要貢獻有：組成全民和解政府，
廣邀各派人士入閣，創建法西斯民兵組織 (MVSN)，要求過去的民兵
組織聽從中央命令；廢除了同意農民強佔土地的法令，取悅地主；積
極改善與天主教關係，1929 年與教宗庇護十一世簽訂「拉特蘭協定」
(*Lateran Treaty*)，給予教廷在梵蒂岡的自主權，教廷則承認義大利主

❶ 自 1929 年教宗國即改為梵蒂岡國，佔地一百公畝，相當於四十公頃，是世界上最小的國家，約一個半小時即可走遍全國，看起來像一座大型博物館。

權**❶**；中學設宗教課，小學必須講授宗教教育；宗教婚禮同世俗婚禮一樣有效；宗教法庭有婚姻裁判權；撥款整修戰時被破壞的教堂；更新軍事工業設備，創立空軍，發展全民體育和軍訓。在國家教育部領導下，成立「法西斯青年先鋒隊」，後改為「義大利利托里奧青年團」，隸屬黨，入黨青年年滿十八即可轉為法西斯黨員。

1927 年通過《勞動憲章》，宣佈公民有勞動義務，勞動者和雇主組成各種法西斯工會，再組成聯合會，接受國家指導。工會組織主管勞動集體合同，每種行業均須簽訂合同，禁止罷工和夜生活。勞資糾紛如政策問題、退休、工時等交由專職司法部門調解；1933 年 12 月創立勞資組合，各生產行業的代表按生產部門加入勞資組合以調節經濟。

另方面，推動重大公共工程，增加國家生產和經濟設備；採用自由主義思想，推行經濟自由化，提出「新經濟進程」，減少國家干預，降低政府開支；解散各類物價管制委員會，實行自由定價、自由競爭，改革稅制，降低直接稅，取消對各類租金的限制。國家並放棄對公用事業的經營壟斷權，將壽險和電訊業交私人經營；將義大利貨幣升值，由一百五十里拉對一英鎊升到九十里拉對一英鎊，提高法西斯的國際地位，但此舉影響出口銳減，失業增加，於是提出「自給自足」，「為小麥戰鬥」的口號。在全國各地推展種植小麥，由政府撥款，規定各地必須逐步擴大小麥種植面積，小麥產量因而增加，但農業收入反而下降。此外，頒佈《全面改良土壤法》，規劃整治並開發未耕地和沼澤地，建立新居民區；發掘羅馬古蹟，清理帝國廣場，取名「帝國古道」。

法西斯政府的政策以「城市化」口號最為人詬病，

墨索里尼為了獲得南部貧苦大眾的支持，希望利用十年時間，經由城市化提高人民生活水平，結果造成城市人口迅速成長，失業問題嚴重，社會秩序混亂。另方面鼓吹「鄉村化」，從 1928 年起下令禁止任何人遷離農村，讓人無所適從。

第四節　外　交

在國際外交方面，墨索里尼原為社會黨人士，反對義大利參戰，認為這是一場資產階級發動的戰爭，但後來卻改變了態度，藉發動戰爭來鞏固其權力。1930 年代與德意志帝國 (German Reich)❷合作，希望藉由二次世界大戰，為義大利人圓夢，成為地中海新強權，可惜戰事不順，兵敗之餘，只好由合作轉為依附希特勒。

法西斯的外交目標與德國、日本相同，皆在征服世界，只是根據不同的實力，確定不同的過程。義大利的霸權是建立在「古羅馬帝國」的範圍內，近程目標為控制地中海、紅海和巴爾幹地區，遠程目標為建立東起印度洋，西至大西洋的法西斯大帝國，範圍包括葡萄牙、瑞士、英國的格拉斯哥，甚至所有的西歐、中歐和南歐國家。這個目標基本上與希特勒的擴張目標衝突，隨著納粹勢力崛起，墨索里尼逐漸把擴張範圍縮小在地中海地區。

這段期間義大利的外交活動由 1923 年法西斯政府發動戰爭佔領科孚島 (Corfu Is.) 展開。首先談與德國的關係，墨索里尼在希特勒於 1933 年上臺前曾提供巨額軍事經濟援助，但對希特勒上臺後的向外擴張計畫，特別是南進意圖表示不滿，批評德國納粹主義為「異教和

❷德意志帝國共有三個：第一帝國 (The First Reich) 由 962 至 1806 年，稱為神聖羅馬帝國；第二帝國 (The Second Reich) 由 1871 至 1918 年；第三帝國 (The Third Reich) 係指由 1933 至 1945 年納粹統治下的德國。

圖 35：墨索里尼（左）與希特勒（右）

黑暗時代的產物」，同時與法國簽訂反德協議。1936 年墨索里尼進軍衣索比亞，德國表示支持，在這場戰爭中，義大利以坦克、大砲、化學武器戰勝軍事落後，沒有現代武器的衣索比亞，戰後，伊曼紐爾三世自稱衣索比亞皇帝 (emperor of Ethiopia)。義大利與德國關係從此改善，1936 年組成羅馬—柏林軸心 (Rome-Berlin Axis)，1937 年義大利退出國際聯盟，1938 年德國併吞奧國，義大利未表異議。1939 年 5 月22 日義、德兩國領袖簽署「鋼鐵協定」(Pact of Steel)，正式結盟，加強雙邊關係，同意雙方任何一方捲入戰爭，無論是防守還是進攻，都必須共同作戰。

其次與西班牙關係，1933 年西班牙工人暴動，法西斯乘機擴大活動，是年西班牙反民主的法朗格黨（Falange，又稱長槍黨）成立，為佛朗哥 (Franco) 右翼奪權奠定基業。1936 年西班牙爆發三年內戰，引起國際重視，各國紛紛支持所屬意的對象，使得這場內戰被視為是第二次世界大戰的熱身賽。義大利及德國支持代表保守勢力的佛朗哥，試圖拉近與西班牙的關係。

第三是與猶太人關係，早期義大利法西斯的理念接近國際社會主

圖 36：1938 年後，因激烈的排猶法律發布，商店紛紛掛上「雅利安人的店」之牌，以免被迫關閉。

義意識型態，沒有種族偏見，但到 1938 年則改變態度，通過種族法，禁止同雅利安人種通婚，禁止加入法西斯黨，並採取激烈的排猶措施，將第一次世界大戰後移居義大利的外國猶太人一律驅逐出境，剝奪多數猶太人的公民權，強迫離開公職。

　　第四是介入二次世界大戰，1939 年德軍攻打波蘭時，義大利對其是否介入，猶豫不決，陷入兩難。但繼德國迅速擊敗法國之後，義大利態度轉趨明朗，疑慮不再，1940 年 6 月 10 日向同盟國宣戰，進軍法國，派飛機轟炸馬爾他島，8 月 3 日攻打英國的索馬利蘭 (Somaliland，位於東非，包括索馬利亞、吉布地和衣索比亞的東南部)，9 月 13 日攻打埃及。墨索里尼希望征服地中海地區的希臘及北非國家，恢復昔日的「羅馬」帝國。1940 年 9 月 27 日義大利、德國與日本簽定「德義日三國同盟條約」(Tripartite Pact)，共同對同盟國作戰。10 月墨索里尼進軍希臘，遭擊退，幸賴希特勒解困，得以脫身，再轉戰阿爾巴尼亞，此役義大利損失了十萬人。

　　1941 年 4 月義大利與德國瓜分了在南斯拉夫的佔領地，6 月 22 日義大利向蘇聯宣戰，但戰事一敗塗地，在非洲戰場也一事無成。由於

戰爭連連受挫，軍隊士氣低落，國家命運危在旦夕。

1943 年盟軍鑑於義大利軍力薄弱，決定進攻西西里島，迫使德國增援，分散其兵力，而有利盟軍越過英吉利海峽，開闢第二戰場。7 月 9 日盟軍展開攻勢，8 月 17 日在艾森豪 (D. D. Eisenhower) 將軍的領導之下從西西里登陸，盟軍轟炸義大利各重要城市，特別是羅馬與那不勒斯。雙方激戰三十八天，義大利十三萬軍人戰死。此後墨索里尼的處境日艱，國王為了挽救其地位，於 1943 年 7 月 25 日晚上利用法西斯議會投票反對墨索里尼時，將他解職，並囚禁於蓬察島 (Ponza)，不久轉移到亞平寧山脈大薩索山 (Gran Sasso) 的一所監獄。希特勒獲悉後立即派空軍營救，送返義大利，1943 年 9 月 23 日在加爾達湖 (Lake Garda) 畔的沙洛 (Salo) 建立了「義大利社會共和國」(Italian Social Republic)，總部設在沙洛，又稱為「沙洛共和國」(Republic of Salo)。

在南方的巴多利歐 (Pietro Badoglio) 將軍奉國王之命組閣，解散法西斯黨，釋放政治犯，維持黨禁。1943 年 9 月 2 日英、美聯軍在卡拉布里亞登陸，3 日南方政府同英、美簽訂祕約停戰，29 日無條件投降。德軍獲悉後，開始攻擊義大利軍隊，迅即佔領義大利北部和中部地區的主要城市，國王和巴多利歐政府為了躲避德軍，從羅馬逃往南方布林迪西，組成臨時政府，即「南方王國」政府。9 月 12 日墨索里尼在德國特種部隊指揮官奧圖·斯高澤尼 (Otto Skorzeny) 幫助下，逃出大薩索山，前往維也納，與希特勒會晤，雙方同意在義大利北部組織一個受德軍控制的新法西斯政府。10 月 1 日美軍攻佔威尼斯，但不久即受阻於德軍，1944 年 6 月 4 日盟軍奪下羅馬，8 月 4 日攻下佛羅倫斯，但德軍仍堅守「哥德防線」(Gothic Line)，控制倫巴底、皮埃蒙特、維內托近六個月。墨索里尼藉口維持秩序，保護民眾，下令組黑衫軍，導致屠殺、暴力事件不斷，被認為是法西斯末期最醜陋的一章。

1945 年 1 月盟軍突破德軍在萊茵河的防禦，進逼柏林，米蘭大主教伊德豐索 (Ildefonso Schuster) 居中安排在義大利的德軍投降事宜，4 月盟軍攻下波隆那、摩德納、克雷默那 (Cremona)、曼圖亞，墨索里尼

圖 37：墨索里尼及其情婦被吊死的
情景

眼見大事不妙，4 月 25 日攜帶情婦克蕾塔・佩塔齊 (Claretta Petacci)
擬逃往瑞士，27 日冒充德軍混雜在德國車隊中，被識破，遭到逮捕，
4 月 28 日處決後，屍首被送往米蘭，暴露於廣場示眾。在義大利的德
軍無條件投降，義大利的戰事結束。

小　結

　　法西斯於 1922 年在義大利政壇異軍突起，迄 1945 年墨索里尼被
處決而黯然下臺，長達二十三年，其間機關算盡，手段用盡，但終不
為國際接受，亦不受百姓支持，毀於一時。觀其起，思其過，悟其理，
其中功過是非，固然一言難盡，然以成敗論英雄，墨索里尼失敗，接
受公審，不在話下，但究其平凡出身，資質平庸，卻能呼風喚雨，活

131

躍政壇，並獲百姓支持，是個人的魅力，還是百姓的夢幻，耐人尋味。

統一後的義大利一直追憶於羅馬的夢境中，內部的紛擾，外力的干預，激勵了圖強的意念，在野心者美言、巧思的運作下，美夢，遐思，吹皺一池春水，可惜美夢不常，夢醒時分，一切惘然。

第八章
二次世界大戰後的政局

　　法西斯政府垮臺之後，行動黨 (Party of Action) 領袖、反法西斯英雄巴里 (Ferruccio Parri) 組成「北方政府」(northern government)，控制北部地區及北方的大工廠，並對法西斯黨人進行整肅。法西斯統治時期曾規定，凡擔任公務員都必須加入法西斯黨，如今情勢逆轉，整肅法西斯變成打擊公務員，引發驚慌，人人自危。自由派人士挺身反對這項訴求，獲得回響，1945 年 11 月巴里被迫辭職，由天主教民主黨領袖德・加斯貝里 (Alcide De Gasperi) 組成較具包容性的政府，接納南方及羅馬的意見，不再對法西斯黨人進行整肅，將政府的公務員由黨員身分改為一般身分，並將北部的大工廠交還原主。

　　1946 年 6 月 2 日義大利舉行公民投票決定國家體制，婦女也獲准參加投票。主張共和的有一千二百一十八萬票，主張王政的有一千零三十六萬二千票。1946 年 6 月 18 日義大利共和國成立，定 6 月 2 日為義大利共和國國慶。同日舉行制憲會議，經過一年多的協商，於 1947 年 12 月 22 日通過共和國《憲法》，展開戰後復原工作。

　　隨後世局進入冷戰 ❶，義大利面對美蘇對抗的尷尬，選擇走親美反蘇路線。美國為了鞏固在歐洲的勢力，大力支持天主教民主黨 (Christian Democratic Party，簡稱 PDC) 以及其盟友義大利自由黨、

❶冷戰是自 1947
至 1991 年，以美
國為首的西方世
界與以蘇聯為首
的共產世界所形
成的對峙局面。期
間歐亞地區出現
許多區域戰爭或
衝突，如韓戰、越
戰、柏林危機、古
巴危機，直到美國
總統尼克森
(Richard Nixon)
在任時，才由冷戰
轉向冷和，至
1991 年蘇聯瓦解
後冷戰才告一段
落。

社會民主黨 (Democratic Socialists) 及共和黨 (Italian Republican)。天主教民主黨為了獲得美援重建義大利，安撫梵蒂岡以及保守的南部，將共產黨 (Italian Communist Party，義文 Partito Comunista Italiano，簡稱 PCI) 及社會主義人士逐出政府機構，但卻無意消滅共產黨，他們了解義共的存在是執政黨要脅北約軍援的最佳利器，也是義共獲得蘇共支持的手段。在美國的軍援以及經援的支持下，天主教民主黨與親西方的小黨合作領導義大利戰後四十年間的大半歲月，讓義大利可以在冷戰兩強的對峙中，遊走其間，並獲漁利。這正是戰後義大利政治忽左忽右，讓人摸不著頭腦的奧妙所在。

戰敗的義大利百業待興，全國三分之一的人無肉可食，三分之二的人無酒可飲，如何重建成為知識分子關切與人民望治的重要事務。戰後之重建除了撫慰受創的心靈之外，主要的工作有三：政治上，恢復人民對新國家的認同，這是安定政局、恢復社會秩序的首要課題。經濟上，建立常態生活，讓人民衣食無慮。社會上，維持秩序與提升道德。戰後重建最大的難題仍在南北的差異，北部人不僅看不起南部人，並且偏見很深，譏諷南部人為南歐佳 (meridionali，字義本身有南方之義，如放於特定文本即有貶義)，對政府以人民的納稅錢來資助南部深感不滿，特別是他們辛苦賺來的錢進入黑手黨及那不勒斯卡莫拉 (Camorra，類似黑手黨的組織) 的口袋中。

第一節　政府體制

政黨的協調與政府的組織關係國家的前途，兩黨的

輪替與多黨的合作影響國家的發展與政局的穩定。義大利政黨自建國以來即陷入多黨合作的紛爭中,特別在二次大戰戰敗之後,派系湧現,各派為求發展,竭盡所能,或合縱或連橫,使得義大利政局動盪不安。義大利政黨主要有天主教民主黨、共產黨和義大利社會黨 (Italian Socialist Party,義文 Partito Socialista Italiano,簡稱 PSI) 三大政黨以及許多小黨。

一、政黨簡介

天主教民主黨的前身為義大利人民黨 (Italian Popular Party,簡稱 PPI),1919 年成立,1926 年遭墨索里尼取締,1943 年 7 月由一些天主教團體聯合重建,易名為天主教民主黨,成員來自各階層的天主教徒,有大資本家、農場主、中產階級、職工、農民,走「中間路線」,自許為「民主的、自由的、多元化」的黨,強調建設「充分而完全的民主」,維護私人所有制,主張與梵蒂岡維持密切關係,與美國保持夥伴關係。早期反對義大利共產黨參政,1962 年 1 月起接納社會黨。1963 年後社會黨加入政府,從此義大利由中間政府轉為「中左政府」。1975 年 6 月與義共展開對話,爭取義共加入議會組成多數派,但仍反對其參政。天主教民主黨連續主政三十七年,直到 1993 年才因受賄醜聞而解體,1994 年 1 月改名為義大利人民黨,同意與左翼民主黨 (Democratic Party of the Left,前義大利共產黨) 合作。

義大利共產黨係義大利社會黨的左翼分子於 1921 年組成,最早的領導人為葛蘭西 (Antonio Gramsci),法西斯上臺後遭取締,轉入地下活動,展開反法西斯鬥爭。法西斯垮臺後,在 1944 年 4 月至 1947 年 5 月三年間與天主教民主黨合組七屆聯合政府。1947 年後世局進入冷戰,受美、俄衝突影響,被趕出政府,此後五十年未參加政府。1956 年與蘇共分裂,提出「多中心主義」,主張各國共產黨應有自己的獨立主權,希望由內部逐漸改變資本主義制度,促使義大利(馬列)共產黨與義大利統一共產黨另立門戶。1980 年代後義大利共產黨試圖聯合左

翼民主力量，取代天主教民主黨在政府中的勢力，提出「新國際主義」概念，加強國際合作。1987 年後成為義大利第二大黨，1991 年後易名為義大利左翼民主黨，又稱為「左民黨」。1996 年大選，得票 21.1%，躍居為全國第一大黨，1998 年該黨總書記達萊馬 (Massimo D'Alema) 奉命組閣。

社會黨原名義大利勞工黨，1892 年在熱那亞成立，初期成員包括馬志尼信徒及馬克思主義分子，後來分裂為改良派與馬克思主義派。1895 年易名為社會黨。1921 年內部發生分裂，左翼分子退黨另組義大利共產黨。1926 年法西斯上臺遭取締，1943 年恢復公開活動。1947 年社會黨右翼分子另組工人社會黨，剩下來的人仍保留社會黨之名。1966 年 10 月義大利社會民主黨與社會黨合併稱為統一社會黨。1969 年又分裂，各用舊名，1983 年取得主政權。社會黨主張改革國家經濟制度，緩和國際緊張，支持歐洲聯合。

在小黨方面，義大利社會民主黨於 1952 年成立，1966 至 1969 年曾一度併入社會黨，既不贊成天主教民主黨一黨獨大，也反對共產黨。義大利共和黨於 1897 年成立，1947 年多次參加執政，1981 至 1982 年間兩度組閣，該黨主張同共產黨對話，努力振興道德、改革體制與復興經濟。義大利自由黨於法西斯政府時遭取締，戰後重建，是小企業主支持的政黨。義大利前進黨 (Forza Italia) 在 1994 年大選獲勝，並組閣，但為期不過半年即因商業利益與官方身分受質疑而被迫下臺。民族聯盟 (National Alliance) 為一右翼政黨，原為義大利社會運動一國家右派，1993 年改用現名，並以較溫和的態度出現，1994 年大選中得票增加，參加組閣，1996 年後成為義大利第二大黨。北方聯盟 (Northern League)，代表北方中小企業利益，主張地方自治，反對以北方的財富來資助南方的國有企業。義大利重建共產黨（Communist Refoundation Party，義文 Partito Della Rifondazione Comunista，簡稱 PRC）1991 年 12 月從原義大利共產黨分裂出來，堅持左派意識型態，重視廣大勞動者，特別是中下群眾的利益。

　　義大利的政局演變與政黨結構有密切關係，戰後義大利兩大政黨為天主教民主黨與共產黨，其他小黨力量分散。這種結構被學者稱為「不完善的兩黨」或「兩極化的多元政治」，共產黨雖然是第二大黨，但卻因美國反對無法參加政府，使得義大利政府陷入多黨運作的困擾。

二、政府結構

　　《憲法》確立了政府組織與架構，1946 年 5 月 9 日伊曼紐爾三世遜位，指定其子翁貝托二世為攝政王，並宣佈 6 月 2 日舉行公民投票，決定義大利政治體制。翁貝托二世能力平平，又缺乏識人之明，負面輿論不斷，投票的結果，支持國王的君主政體獲得一千零三十六萬二千張選票，共和黨一千二百一十八萬二千選票，翁貝托二世被迫下臺，並遭放逐，義大利正式推翻了君主制。此舉是否得宜，論者見解不同，君主制有其缺失，未能將義大利全國聯合起來，但卻以某種超然方式連繫了義大利人的理念。1946 年 6 月 2 日義大利選舉制憲會議代表，天主教民主黨贏得大勝，6 月 25 日召開立憲會議，28 日恩里科・德尼古拉 (Enrico De Nicola) 當選臨時總統❷，德・加斯貝里奉命組閣。1946 年 7 月 12 日共和國首屆政府組成，1947 年 12 月 22 日制憲大會通過新憲法，12 月 27 日德尼古拉簽署，1948 年 1 月 1 日生效，採民主、自由體制，強調保障勞動工作，報酬公平合理。

　　新《憲法》共一百三十九條，分為三大部分，一條到十二條為基本原則，十三條到五十四條為公民的權利與義務，五十五條到一百三十九條為國家組織。《憲法》開宗明義說：「義大利是一個民主共和國，主權屬於全

❷德尼古拉早先為自由黨眾議員，1920 年當選眾院議長，1929 年被選為參議員，以辭職享譽義大利政壇，從政期間曾辭職二十七次，1946 年在天主教民主黨的支持下被選為臨時總統。

體人民，人民按《憲法》所規定的方式與範圍，行使主權。」比較特別的是說明與教會的關係：「教宗國和天主教堂是獨立而且有其主權，他們之間的關係在『拉特蘭公約』已予確定。」

(一)行政權

《憲法》規定，義大利係建立在勞動基礎上的民主共和國，總統代表國家，由參、眾兩院以祕密投票方式選舉產生，採三分之二多數制，如果連續三次投票未獲三分之二多數，第四輪投票可以簡單多數計算。總統為國家元首，任期七年，連選連任，統帥武裝部隊，擔任最高司法委員會主席。總統是否犯罪，由參、眾兩院聯席會議提出報告，交法院判決。內閣是國家權力的核心，經總統批准，獲得議會同意後成立，沒有任期規定。內閣總理及各部會首長由執政政黨議員出任，總理由總統任命，對議會負責。議會可隨時對內閣提不信任動議，如果通過，內閣必須辭職。

(二)立法權

國會係立法機構，由參、眾兩院構成，議員選舉採比例代表制，各政黨和政府組織按所獲選票的比例分配席位，席位有最低選票限制，未獲最低選票政黨不得有席位。議員由選民直接選舉產生，選舉眾議員的選民必須年滿十八歲，候選人必須年滿二十五歲；選舉參議員的選民得滿二十五歲，候選人得年滿四十歲。總統可任命五位傑出專家學者為終身參議員，總統卸任後為終身參議員。參、眾議員任期五年，原則上每五年改選一次，但經常提前改選。國會的職權為制定和修改《憲法》和法律，選舉總統，批准國際條約、大赦和特赦，審議和通過對政府的信任或不信任案，監督政府，討論和批准國家預算、決算，對總統、總理有彈劾權，決定戰爭狀態和授予政府必要政治決定權。任何議案必須在兩院分別通過，只有一院通過無效。

義大利的比例代表制與眾不同，依照這種制度規定，選民選舉是以選黨為主，但可以用選擇性選票，對所支持黨的候選人按優先順序寫明三至四位。眾院的選舉辦法是：某選區的總投票數除以該選區獲

分配的議席加二，例如，某選區的投票總數是 3,173,556 票，獲得分配席位是五十三席，因此將 3,173,556 除 55(53+2) 得 57,701 票，也就是說要超過 57,701 票才能有一席，天主教民主黨獲 1,163,820 票，除以 57,701 可獲二十席。剩下的票加入全國投票站，由全國投票站分配，條件是得在選區達到一定規定，並且在全國得票超過三十萬張，才有資格獲分配。

　　參議院選舉按人口劃分為不同的參議員選區，各黨在各選區提一名候選人，得票超過選區票數 65% 便當選，但很少有人會超過 65%，因此多為將各地區所有黨選票加起來分配，其處理辦法是，以黨的總票數除席位加一。例如天主教民主黨得 311,872 票、共產黨得 213,555 票，社會黨 56,553 票，以此類推……計算。共需推出七席。天主教民主黨得票最多，獲第一席。以 311,872 除 2 為 155,936，共產黨有 213,555 票，因此共產黨獲第二席。再以共產黨 213,555 除 2 為 106,778，天主教民主黨有 155,936，所以天主教民主黨獲第三席，再以天主教民主黨 311,872 除 3（因為天主教民主黨已有兩席）為 103,957，共產黨有 10,678，所以共產黨獲第四席，再以共產黨 213,555 除 3（共產黨也已有了兩席）為 71,185，天主教民主黨有 103,975，因此天主教民主黨獲第五席，再以 311,872 除 4（天主教民主黨有了三席）為 77,968，多過共產黨的 71,885，因此獲得第六席，再除 5 為 62,374，比共產黨 71,885 少，共產黨獲得第七席。

　　這種選舉制的候選人為了當選，必須保證他的黨盡可能多得選票，保證該黨的支持者會選他。但義大利選舉制的缺點是政黨太多，選民選擇不易。

(三)司法權

　　司法體系設有憲法法院、行政法院和普通法院。行政法院由三十人組成之最高司法委員會負責，總統為主席，最高法院和總檢察長是當然成員，剩餘三分之二由法官中選出，其餘十名委員由大學法學教授與律師中選出。憲法法院由十五位法官組成，任期九年，期滿不得

立即連任，院長由十五名法官推選，任期三年，可以連任，分為地區法院、上訴法院和最高法院，最高法院擁有最終審判權。

㈣地方

地方制度採區、省、市（鎮）三級制，全國分二十個區，區是自主單位，擁有自主權力，享有立法權、財政自主權，由中央監督區的立法和行政。其中五個特別區，享有較大的自治權。省和市也是自治單位和地方分權單位，但自治權較小。《憲法》特別規定了義大利政府與梵蒂岡的關係，第七條規定，義大利和梵蒂岡各為獨立的國家，兩國關係經由雙邊條約進行調整，條約修改需經雙方同意，但不需要修改《憲法》。

第二節　政治演變

義大利民主政府於 1948 年 4 月 18 日共和國選出第一屆國會開始運作，議會經過三輪投票選出第一位總統，路易吉‧伊諾第 (Luigi Einaudi)❸。伊諾第在位七年 (1948.5.11～1955.5.11)，強調誠實、講究節約、關心稅收、貿易自由化、減輕農民稅賦、獎勵儲蓄、投資、保護自然風景與文化資產等問題。任內簽署了一萬一千八百三十九條法規，批准義大利加入北大西洋聯盟，被認為是義大利共和國最可敬的總統。繼他之後出任義大利總統的有格隆基 (Giovanni Gronchi, 1955.5.11～1962.5.11)、塞尼 (Antonio Segni, 1962.5.11～1964.12.6)、薩拉蓋特 (Giuseppe Saragat, 1964.12.28～1971.12.24)、萊奧尼 (Giovanni Leone, 1971.12.24～1978.6.15)、佩爾蒂尼 (Alessandro Pertini, 1978.7.8～1985.6.23)、科西卡

(Francesco Cossiga, 1985.7.3～1992.4.28)、斯卡爾法羅 (Oscar Luigi Scalfaro, 1992.5.25～1999.5.15)、齊安皮 (Carlo Azeglio Ciampi, 1999.5.18～2006.5.15)、納波利塔諾 (Giorgio Napolitano, 2006.5.15～)。此外還有五位臨時總統 (Temporary Heads of State，即未經國會選出的總統)：莫薩哥拉 (Gesare Merzagora, 1964.12.6～1964.12.28)、范凡尼 (Amintore Fanfani, 1978.6.15～1978.7.8)、科西卡 (Francesco Cossiga, 1985.6.23～1992.7.3)、史帕多里尼 (Giovanni Spadolini, 1992.4.28～ 1992.5.25)、曼西諾 (Nicola Mancino, 1999.5.15～1999.5.18)。

　　義大利政府的內閣往往是多黨協調執政，政黨合縱與連橫複雜多變，其間分合往往令人難以究竟。大致說來可以分為五個階段：第一階段為「中間政府」時期，由 1947 至 1963 年，由天主教民主黨單獨組閣或由天主教民主黨與社會民主黨、自由黨、共和黨組聯合內閣。第二階段為「中左政府」時期，由 1963 至 1975 年，由天主教民主黨與社會黨、社民黨和共和黨合作。第三階段為「歷史性妥協」(historical compromise) 時期，由 1976 至 1978 年，天主教民主黨與義共展開「對話」，義共雖未參與組政，但在議會上支持政府。第四階段「五黨政府」，由 1979 至 1990 年，有天主教民主黨、社會黨、社民黨、共和黨與自由黨等先後組聯合內閣。第五階段為「新政府」時期，由蘇聯解體迄今，舊政黨解體，新政黨出現。1994 年義大利前進黨 (Forza Italia) 與技術官員組成政府，1996 年左民黨勢力抬頭，1998 年左翼民主黨書記達萊馬組閣。根據統計，由 1944 至 1990 年間，義大利政府變動高達五十多次。茲分別說明如下：

一、「中間政府」時期 (1947～1963 年)

　　由 1947 至 1963 年為「中間政府」時期。這段期間義國政府基於現實考量，以重建戰後經濟蕭條的社會為主，因此爭取美援是優先考量。美國於 1950 年代開始與蘇聯發生冷戰，美國總統杜魯門採圍堵政策，在全球展開反共。義共被視為蘇聯的第五縱隊，與社會黨皆被驅

逐於政府之外。這也使得義共與社會黨聯合成為反政府力量，為義大利添加更多的不安。

1948 年義大利舉行大選，天主教民主黨獲得大勝，贏得眾院五百七十四個席次中的三百零五席，共產黨一百四十席，社會黨只有四十一席。從此天主教民主黨與共產黨兩黨體制形成。1950 年代，執政團隊為擴大權力基礎，開始設法接近工業界與金融界，並拉攏群眾。他們運用國家資金進行建設，積極處理南部問題。長久以來南部一直是被忽視的一群，如今不論基於國家團結或者本於選情考量，南部的地位日趨重要。戰後南部農民佔據公地，引發地主不滿，執政的天主教民主黨立場尷尬，支持地主將喪失廣大的農民力量，支持農民將影響地主對他們的認同。1950 年天主教民主黨通過三項法律處理南部土地問題，成立了特殊的國家「改革機構」，有權沒收公地中未耕種或尚未改良的部分土地，依需要分發給農民，並提供技術援助，辦理長期貸款。1950 年代約有十二萬農民受益，但僅佔全體農民中的 5%，其餘農民仍生活在貧苦邊緣。至於北部為工業所在地，是政府施政的重點，無論是左派或右派政府，都將工業化與經濟成長畫上等號，認為經濟成功的須透過工業進行。

由於政府之威信建立在民選的基礎之上，執政黨如何贏得選舉成為施政最大考量，除了擺脫教會影響，就是打擊共產黨，及爭取南部廣大農民支持。1950 年之後，為數可觀的農人離開農村地區，進入城市找工作，他們支持天主教民主黨以換取工作，有些人幸運找到工作，有些人則墮落為罪犯，許多人繼續北移，成為後來義大利「經濟奇蹟」的勝利軍。但執政黨在南部建立代理人制度，企圖影響選情，以補貼換取選票，也讓義大利政府步向腐敗。

二、「中左政府」時期（1963～1975 年）

1963 年受蘇聯政局變遷影響，義大利社會黨開始與共產黨分家，不再追隨共產黨，改走社會民主，並與天主教民主黨靠近。12 月社會

黨進入政府，開始中左聯盟，由於兩黨之間默契不足，加上彼此信任度不夠，徇私謀利，局勢動盪不安。

　　1968 年義大利人舉行投票決定未來政治走向，如果中間偏左的聯合政府，即天主教民主黨與社會黨政府 (Christian Democrat-Socialist government) 繼續執政，義大利將維持一個穩定的民主政府，如果敗選，義大利將分裂為極右（右翼天主教民主黨及自由士）、極左（共產黨及社會黨異議分子）兩派。1968 至 1973 年義大利社會與其他各國一樣，由於學生人數增加，出現不滿時政的抗議風潮。學生的訴求包括抗拒威權，反資本主義，批評越戰。1967 至 1968 年大學生爆發抗議事件，特別針對教育體制。1960 年代之後學生入學人數大增，但學校硬體與軟體未能配合，教室擁擠，教師不足，管理不彰。1962 年規定十四歲以下學童必須接受義務教育，也因國家經費不足，導致輟學情形嚴重。1968 年的學生運動僅止於教育理念及對社會的關懷，既沒有組織也沒有任何特定的計畫，抗議目標限於改善教育制度。1968 年之後，學生運動變質，受列寧主義、史達林主義影響，「新左派」團體出現，如「工人力量」、「持續戰鬥」等，他們與「舊左派」的觀點不同，不再花費精力在辯解理論，而實際的出版期刊、小冊子和報紙，但由於陳義過高，無法獲得廣大群眾的回響，失望之餘，1970 年代許多激進人士轉為恐怖分子。

　　1960 至 1970 年義大利政府進行了政治改革，首先是落實地方自治。在十五個地區（特別自治市除外）都設立一個經選舉產生的委員會，對住宅、醫療和農業方面進行管理。其次是在 1970 年代對《勞工法》、《離婚法》進行公民複決。

三、「歷史性妥協」時期（1976～1978 年）

　　1973 年後的政治由中左政府走向「歷史性妥協」，即天主教民主黨、社會黨和共產黨展開合作。這項妥協係由義共書記貝林格 (Enrico Berlinguer) 提出，他衡量共黨力量發現，共黨要單獨執政不可行，因

此改變方針，準備與天主教民主黨、社會黨聯合執政。在 1975 年的地方選舉中，義共選票大增，使得天主教民主黨與社會黨不得不另眼相待。1976 年義共開始以「棄權」（即不反對）支持政府決策。1978 年 3 月，天主教民主黨、義共、社會黨、社會民主黨、共和黨組成議會多數，義共並公開支持政府，成為政府多數派的一部分。但未經多久即出現裂痕，許多共產黨人眼見黨喪失創黨的精神，與現實妥協，進而退黨，使得共產黨支持度下降。此外共產黨自視過高，只重視與天主教民主黨的互動，而忽視與社會黨的往來，引起社會黨人的不滿，開始孤立共產黨。

1978 年經「歷史性妥協」而組成的五黨議會，出現逆轉。首先是積極主張與義共合作的天主教民主黨主席莫洛 (Aldo Moro) 遭「赤軍旅」(Red Brigades) 恐怖分子綁架，並於五十四天後被殺害。此事導致天主教民主黨內鬨，並使社會黨的勢力回升。其次是義共雖然支持政府的政策，但並未能加入內閣，導致選民不滿，在 1978 年舉行的地方選舉失利，因此於 1979 年重回反對黨的立場，不再支持政府。

四、「五黨政府」時期（1979～1990 年）

1980 年代義大利的政局一如往昔，變動頻仍。十年之內換了十一屆政府，分別為天主教民主黨七屆、共和黨兩屆、社會黨兩屆，但卻展現出政治樂觀氣息，出現新的道德復興氣象。佩爾蒂尼總統坦誠的平民作風，深受人民愛戴，為政治立下了道德表率。這段期間義大利的政治以社會黨的克拉克西 (Bettino Craxi) 在位年限最久，由 1983 至 1987 年，也是二次大戰以來執政最久的政府。克拉克西政府大肆整頓犯罪，逮捕黑手黨分子。此外克拉克西試圖改革國會和政黨制度，提高政治效率，1983 年建立了一個調查委員會徵詢政體制，希望能採行法國的總統制，但未獲支持。

五、「新政府」時期（1991 年～ ）

1990 年代的義大利政局隨著東歐政權變天和蘇聯政權瓦解，受到重大衝擊，傳統政黨結構發生變動。自冷戰爆發以來，義大利一直是美國爭取的對象，天主教民主黨以支持美國立足，義共被驅逐於政府體制之外，扮演反對黨角色。義大利則利用美蘇兩強爭霸，漁翁得利。天主教民主黨以義大利共黨的力量來要脅美國，蘇聯支持義共來制衡美國。如今蘇聯瓦解，義共重要性不再，改名為「左翼民主黨」，天主教民主黨失去「反共」的價值。

㈠不流血革命

1992 年被稱為是「不流血的革命」(Bloodless Revolution)，擺脫過去「不健全的兩極化」(imperfect bipolarism) 政治結構，開啟一個新政黨的時代。首當其衝的是義大利共產黨。由於蘇聯瓦解以及中共的天安門事件，使得該黨分裂為二，一派決心與過去劃清界限，改名為「左翼民主黨」，另一派堅持過去的強硬路線，稱為「重建共產黨」。至於天主教民主黨，基於反共理念，阻礙了進步，如今反共不再，開始衰弱。北部出現新的政黨「北方聯盟」，又稱為「倫巴底聯盟」。這個聯盟是由兩個地區性政黨，維內托同盟與倫巴底同盟組成，他們對中央政府無能感到不滿，特別是以其繳交的稅款資助南方不悅，因而號召將義大利由一個單一的共和國轉變為聯邦國家。1992 年大選，義大利政壇出現大地震，天主教民主黨流失了 5% 的選民，北方聯盟獲得 9%以上選民支持，左翼民主黨獲得 16.1% 的選民，重建共產黨獲得 5.6%的選票，但四黨均無法達到多數的穩定。社會黨克拉克西希望能繼續出任總理，但他卻被爆料，要求商人賄賂，才能承包公家合同。斯卡爾法羅總統鑑於事態嚴重，拒絕其請求，幾經協商，最後任命阿曼托 (Giuliano Amato) 為總理。

㈡肅貪運動

1992 年米蘭地區展開「肅貪」(Clean Hands，義大利語：

Tangentopoli），自 1990 年代初期義大利經濟衰退，失業情形嚴重，政界貪汙受賄醜聞不斷。米蘭地區檢察官德‧彼耶特羅 (Antonio Di Pietro) 發起「肅貪運動」。此事肇因於在米蘭地區一位社會黨籍的地方官員收賄被捕入獄，掀起查賄行動，天主教民主黨、社會黨大批官員被約談，許多企業家涉嫌行賄遭檢舉。透過媒體的渲染，激起民怨，強烈要求懲罰貪官，改變現狀。德‧彼耶特羅成為肅貪英雄，經過為期兩年的調查，涉嫌貪汙或收受賄賂的眾議員達六百一十八人，參議員二百三十三人，其中十一位是在職部長，沒收贓款六千一百九十七億里拉。收賄最多的天主教民主黨和社會黨員，有數千人被捕入獄。這次肅貪廉政行動雖未能徹底解決社會貪汙問題，但仍為義大利帶來了道德淨化作用，減少政府財政赤字，增加公平競爭機會。克拉克西本人亦遭牽連，被迫辭去社會黨總書記職務。

　　1994 年大選受「肅貪」運動影響，結果出人意料。由社會民主黨領導的左翼分子自稱為「進步旗桿」(Progressive Pole)，接納「重建共產黨」、「社會黨」人士、「民主聯盟」人士，積極投入選戰，希望能組成聯合政府；天主教民主黨則分裂為二，一派稱為「義大利人民黨」(Italian People's Party，簡稱 PPI)，另一派為「天主教民主中心」(United Christian Democrats)，勢力大受影響。在兩派人馬勢力此消彼長之際，義大利媒體大亨貝魯斯科尼 (Silvio Berlusconi) 脫穎而出，他不願前共產黨人士重新掌政，利用媒體力量，發動足球迷，組織政黨「義大利前進黨」，礙於個人勢單力薄，不得不與北方聯盟及國家聯盟合作，組成「自由旗桿」(Liberty Pole)，贏得大選，在國會六百三十席中獲得三百六十六席。但

圖 38：貝魯斯科尼

圖 39：1999 年義大利眾議院開會情形

選後三派的領導人（另兩位是費尼 [Fini] 及波西 [Umberto Bossi]），即因理念不合，而有了衝突，加上貝魯斯科尼主張減少政府對經濟活動的干涉，以及個人媒體的商業角色，使得另兩黨在一年內退出聯合政府，導致貝魯斯科尼七個月即下臺。中右政府垮臺之後，在前天主教民主黨領袖普羅迪 (Romano Prodi) 的領導下，中左人士組成「橄欖樹聯盟」(The Olive Tree)，獲得社會民主黨支持，贏得選舉。中左政府由 1996 至 2001 年統治期間，政局並不穩定，1998 年 10 月左翼民主黨的達萊馬組閣，這是第一位前共產黨人士出任義大利總理。但隨即遭共產重建黨挑戰，2001 年貝魯斯科尼再度領導「義大利前進黨」重新執政，長達五年之久。

縱觀此一時期義大利政局發展不難看出其中的亂象，統一或聯邦成為義大利政局的關鍵。儘管歷史或地理的因素都不容許義大利分裂，但心理上的統一卻是最大的煎熬。地方的私利勝於黨派的理念，導致政治上分合紛擾，忽而中右、忽而中左，不見理路，這正是義大利人的政治最引人好奇之處。

第三節　社會轉型及不法團體

隨著社會、經濟轉型，義大利於二次世界大戰之後出現了許多恐怖主義團體。這些團體可以 1970 年為界，分為右派及左派兩類。在 1970 年以前，恐怖主義分子多屬右翼團體「新法西斯主義」(neofascist) 及義大利社會行動分子 (Italian Social Movement)，主張採暴力方式阻止勞工運動發展。1970 年代後的恐怖主義多為左翼或青年抗議運動，主要訴求為反對美國外交政策，以及中左政府的施政，還有共黨願與天主教民主黨合作。自義共加入政府後，義大利反政府力量失去立足點，失意的或反對執政團體的人士組反對黨，進而走入地下。這些恐怖分子包括前好戰學生、失業工人、失意政客，採用爆炸或製造火車出軌事件，在各地製造緊張，破壞社會秩序。1980 年 8 月波隆那火車站發生大爆炸事件，八十五人死亡，二百零三人受傷，對社會造成重大衝擊，左派團體 Ordine Nuovo 自稱係他們所為。據統計，至 1976 年有一百多個左翼恐怖組織在活動，其中最富盛名的是「黑手黨」以及赤軍旅。

黑手黨一詞起於何時令人好奇。有人說源於十六世紀，也有人說來自西西里的方言或阿拉伯語，意為「保護」(protection)、「不幸」(misery)、「雇殺手」(hired assassin) 等。從歷史的發展來看，黑手黨源於西洋中古後期，早先為祕密組織，目的在推翻外國勢力在西西里島的統治權，如諾曼人及西班牙人。他們來自私人軍隊 (mafie)，受雇莊園地主，保護田產免受歹徒侵佔。後來莊園地主將土地租給他們管理，成為「二領主」，他們將土地租給農民，變相剝削。發展至十八世紀，有些受雇者擁地自重，發號施令，仲裁法律，甚至向地主強收保護費，儼然成為一霸。黑手黨在外人統治時期獲得農民認同，得以常存，他們制定內規，要求不得向官方尋求公正，亦不得向官方舉發別人罪行，所有的恩怨交由家族處理，任何違反內規者均將遭受黑手黨報復，使

得他們得以在西西里肆無忌憚。

當加里波底率領紅衫軍從西西里出發從事統一義大利大業時，黑手黨提供二萬人響應，當這些人從杜林重返家鄉後，即重新組織，反對將教會的土地分配給私人。1900 年在西西里島不同的黑手黨家族組成鬆散的同盟，控制當地的經濟活動。隨著政府投入資金開發南部，黑手黨的勢力也由鄉下進入城市。法西斯執政初期，他們表態支持，墨索里尼掌權後有感於黑手黨勢力過大，擔心發展為國中之國，決心展開鎮壓。1925 年派遣行政長官毛里 (Cesare Mori) 前往西西里整肅，毛里不負所託，至 1927 年獲得績效，逮捕數千名黑手黨分子。

圖 40：義大利黑手黨教父
Salvatore "Totò" Riina

二次大戰讓黑手黨獲得再生機會，美、英聯軍於西西里登陸時，釋放許多被囚禁的黑手黨分子，在他們的協助下，美軍戰事進行順利，黑手黨也因此死灰復燃。不同以往的是，這次他們離開農村前往巴勒摩都市地區發展。特別是在政府的公共資金大量進入南部之後，他們即將黑手伸入地方政府，包括工業、商業、建築圈，利用選舉與政客們合作，侵佔公款，染指政府部門，並建立一套價值觀，讓彼此互相牽制。

二次世界大戰後的黑手黨不同於戰前，成為國際知名犯罪團體，與美國的黑社會勾結，在全球各地運銷毒品，他們利用西西里的地理優勢，將中東的毒品加工後運往歐美地區，賺取暴利。而各家族也為了毒品的巨大利潤爆發衝突，導致暗殺事件層出不窮，政府不得不予正視，設立專門的反黑手黨警察，除了每年查獲海洛英高達數十公斤，並逮捕首腦分子入獄。1987 年的「大審判」(Maxi-Trial)，判處三百三

圖 41： 義大利天主教民主黨黨
魁莫洛遭赤軍旅暗殺

圖 42： 黑手黨的「死亡吻別」
(Kiss of death)

十八名西西里黑手黨分子不等徒刑。

　　美國的黑手黨（Cosa Nostra，義大利文的意思是 Our Affair）與義大利有關，在 1950 年代有二十四個家族團體，每個大城市有一個，紐約地區有五個，分別是： 甘比諾 (Gambino)、吉諾費斯 (Genovese)、盧西斯 (Lucchese)、哥倫波 (Colombo)、和波龍諾 (Bonanno)。黑手黨組織由最有權力的家長們組成委員會 (commission)，負責仲裁，家長稱為「大老闆」（boss 或 don），握有大權，只有委員會可以制裁。老闆下有一位「二老闆」(underboss)，相當於副手，擁有相當權力及影響力，下面則有執行長，負責各種合法與非法的行動。

　　除了黑手黨之外，在義大利另一個受人注目的恐怖主義團體為赤軍旅，1967 年由科西歐 (Renato Curcio) 在特蘭托 (Trento) 大學所創立的左翼學生團體發展出來，於 1970 年代崛起，與法國的都市游擊運動相似，服膺馬克思的無產階級革命理論，主張以暴力行動遂行其目的。1974 年展開綁架行動，對象包括政府官員、國會助理、大學教授、社會有地位人士，甚至還有美國將領，其中以 1978 年綁架天主教民主黨

主席莫洛最為聳動。此案發生在 1978 年 3 月 16 日，莫洛前往國會途中遭赤軍旅恐怖分子綁架，綁匪要求政府釋放被囚禁在杜林的十三名赤軍旅分子，未獲同意即加以殺害，並棄屍於羅馬市中心。1981 年美國駐北約將領杜吉爾 (James Dozier) 被綁架囚禁了四十二天後獲救。1974 至 1988 年間為赤軍旅的全盛時期，成員約在四百人至五百人之間，外圍及協同分子尚有數千人，曾發動約五十次行動，殺害近五十人。

由於義大利沒有死刑，最多只有無期徒刑，因此犯罪情形嚴重，1992 年起訴的謀殺案件約八千起，盜竊案一百六十萬件，詐騙案十萬件。南部黑手黨於 1990 年死灰復燃，暴力程度回到十年以前的狀況。某些地區暴力情形較 1860 年代有過之而無不及，1992 年義大利反對黑手黨的法官先後遭刺殺。

第四節　經濟表現

戰時的國防工業如何轉型為民間工業？如何活絡經濟市場？解決失業問題等，都是戰後的急務。義大利南北差異懸殊，北富南貧，戰爭對兩方帶來的衝擊大小不一，南部的損失大於北方，北方儘管受傷害，但在一、二年內可以恢復正常，南方則不然。因為馬歇爾計畫提供給義大利的多半是北方所需要的原物料，而不是南方所要的半成品，所以南方工業必須在北方的支援下才能復興，影響後來南北的發展。

一、首次經濟奇蹟

二次世界大戰後義大利的經濟係由德・加斯貝里政府預算部長規劃，當時主要的問題為通貨膨脹及外貿問題。1940 年法西斯政權曾凍結物價和工資，但至 1942 年開始失控，戰後更是一發不可收拾，物價由 1934 至 1945 年上揚了九倍，實際工資下跌 75%，1946 年後逐漸獲得控制。外貿方面，由於戰爭破壞了國家金融體系，缺乏資金購買外國物資，影響重建工作進行，幸賴美國 1947 年透過貸款以及馬歇爾計

畫，義大利才得以推動工業、鐵路及公共工程。1948 年後義大利的經濟開始復甦，人民的生活獲得改善。義大利經濟復甦主要靠廉價勞動力及農村人口轉型投入工業生產。1945 年全國人口四千五百萬人，1953 年增至四千七百七十萬人，結婚人數增加，死亡率減少。1950 年代以後義大利工業發展快速成長，被視為「經濟奇蹟」時期。根據資料顯示，1958 至 1963 年，製造業投資以每年平均 14% 的速度成長，義大利的家庭用品打入世界市場，摩托車生產也受到矚目，飛雅特小型汽車在歐洲市場銷售量領先其他品牌，人民生活水準提高。由 1952 至 1970 年，個人平均收入增長 134%。1958 至 1963 年出口平均成長 14.4%，工業產量有每年超過 8% 的成長率。

　　義大利從戰敗國的窘境翻轉為工業大國，有其客觀的條件，也有主觀的政策。首先是新能源之使用，傳統工業發展依賴的能源是煤炭，義大利不產煤，自然處於不利狀態。但隨著二次世界大戰，石油能源漸趨重要，義大利自 1944 年在波河流域發現天然氣，以及在西西里島探勘石油之後，開始擁有廉價能源，有助於工業發展。其次是廉價勞力，成千上萬的南部農民，因生活無著湧入城市尋找工作，他們要求簡單，工作冗長，為義大利的工業生產添加不少活力。第三是政府的政策，二次世界大戰之後，義大利開始加入歐洲貿易組織，首先成為歐洲煤鋼共同體（European Coal and Steel Community，1951 年）會員國，在德·加斯貝里總理的努力之下，成為歐洲經濟共同體（European Economic Community，簡稱 EEC）的創始會員國，為義大利帶來巨大利益，接受自由貿易的挑戰。

　　義大利的經濟奇蹟主要表現在西北部以及東北部和中部地區，南部幾乎沒有改變。根據 1951 年有關貧窮的調查報告，義大利南部為赤貧地區，居住條件差。以那不勒斯為例，戰後六年仍有一萬三千多人住在難民收容所，農村缺乏勞力。在城市中，最富有的是小偷和詐欺犯，走私現象普遍。西西里島的情形更差，生活貧苦，住家簡陋，沒有飲水設備，工資低廉。南部農民生活清苦，地主不關心，農民又無

力，暴動頻傳，1944 年農業部頒佈法令，准許農民佔用荒地、貧瘠地，使得無地農民開始佔地。1946 年演變為暴力衝突，持續到 1947 年初，造成不少流血事件。此外，大量移民離鄉背井來到都市，多半只會說方言，不識字，置身繁華喧囂的城市生活中，心理不適應，以及對社會不公平的感受，造成社會治安危機，增加警民對抗情事，也助長共產主義的聲勢。轉入 1956 年，蘇聯新領導班子赫魯雪夫對史達林神話展開批鬥，加上蘇聯對匈牙利革命的鎮壓，影響義大利共黨與蘇聯漸行漸遠，轉而發展義大利式「通向社會主義」道路。

二、經濟衰退

1963 年中左政府執政，由於天主教民主黨與社會黨合作成效不彰，經濟受損，國營事業利潤下滑，國有產業重建局所屬公司也從 1963 年經營績效不彰，至 1969 年甚至出現赤字。政府為了消除南北的落差，決定將用於改善農業和基礎設施的資金轉移到工業方面，建立許多大工廠，但多為資本密集而非勞力密集，因此無法緩和失業問題。此外，由於南部無工業背景及基礎，因此工業化造成徇私、貪汙、腐敗的情形非常嚴重，引發更大的社會問題。

1960 年代初期義大利發生了一連串的勞工罷工、佔領工廠的運動，1968 至 1969 年義大利北部的罷工、遊行，影響波及全國，於 1969 年「炎熱秋季」(hot autumn) 達到高潮，之後逐漸和緩。究其原因，與經濟情況好轉和政府的政策有關。從 1969 至 1973 年，工業工資增加了一倍，政府通過《年金法》，進行稅改，照顧中層收入者，立法增加國宅數量，安撫了集體騷動的情緒，消解了社會的不安因素。

1973 年石油輸出國組織大幅提高原油價格，義大利受創頗重，因為自 1950 年代以來，義大利經濟發展依賴原油比重越來越重，至 1973 年已高達四分之三。其影響是物價上揚，工資無法提升，幣值下貶，社會陷入惡性的通貨膨脹之中。1960 年代以來政府以發行公債方式提高教育和醫療經費支出，協助南部開發，幫助失業，試圖使南部工業

起飛。但效果不彰,國有產業重建公司遭大量損失。至 1979 年財政赤字驚人,政府被迫向外舉債,抑制公共開支,然由於南部地區長久以來家長式的政治習慣,各項投資都轉入私人的利益之中,使得政府的美意付之東流。

三、第二次經濟奇蹟

1980 年代義大利經濟出現了「第二次奇蹟」。它是由中小企業創造的繁榮,為義大利帶來了巨額貿易順差。中小企業起於義大利中部及東北部地區,重要性不下於北部地區,它使得義大利享有「中小企業王國」的美名。1984 年後義大利經濟衰退減緩,由 1983 至 1987 年,每年平均成長率為 2.5%。可見義大利經濟起飛,但呈不穩定狀態,原因主要在工資及稅收問題。廉價工資迫使工人必須從事副業,而稅目繁多導致逃漏稅情形嚴重,特別是小店家漏稅問題,進而影響國家收入。1983 年政府明令小店家得用收銀機開具發票,但成效有限,不僅引起誠實納稅公務員的不滿,也使得義大利全國充斥小店家,企業效率無法提升。此外,公共事務效率差,如郵電及交通,傳訊的硬體遠落後於需求。官僚行政妨礙了經濟發展,如立法太慢、官員腐敗、浪費公款、健保浮濫、公共債務節節攀升,政府企圖採擴大免稅或減稅方式刺激投資,結果鼓勵了少數有保障的事業,但對大企業的誘因不大。特別在作為歐盟的一員,政府不能對企業提供補助,如飛雅特汽車,使其喪失競爭力。

1986 年後義大利經濟好轉,主要拜全球景氣復甦以及政治的新氣象之賜。1983 至 1987 年義大利出現第二次世界大戰以來最長壽的政府,犯罪率降低。但富裕的生活未能改變經濟結構,好景未幾,至 1990 年即告衰退。大公司減少生產量,公共部門支出未減反增,1985 年佔國民生產總額的 48.5%,至 1990 年代已超過 100%,1992 年義大利公債佔國內生產毛額上升到 120%。這種情形讓北部的中產階級焦慮不安,他們對政府的無能,特別是對南部的投資,以及無法對抗犯罪組

纖感到寒心，以選票來表示不滿。1992 年的選舉中，「北方聯盟」獲
支持，這是一種新舊體制的奇異結合，宣稱要將義大利由一個單一的
共和國轉變為聯邦國家，其成效仍待考驗。

小　結

　　二次世界大戰後義大利人浴火重生，痛定思痛，破釜沉舟，更改
國體，由君主立憲易為民主憲政，1948 年首屆國會開始運作，陽光乍
現，美景在望。然由於歷史包袱過重，心餘力絀，黨派林立，私心自
用，相互傾軋，國事不寧，政局不安，左派右派，合縱連橫，忽鬥爭，
忽妥協，當局者亂，旁觀者迷。

　　由於政局不穩，不法團體囂張，黑手黨、赤軍旅，暴行劣跡，惡
名昭彰，令人髮指。政府取締遏止，成效有限，外人裹足，媒體撻伐，
影響國家聲譽。

　　戰後經濟起落不一，由困窘而復甦，再衰退又振興，中小企業是
其特色，但也正因是中小企業而無法與其他資本主義國家相較。此外，
義大利長期以來北富南貧的現象也影響經濟的發展，如何調和鼎鼐，
關係著國家前途。

第九章
二次世界大戰後的
外交成就

　　義大利的對外政策與對內政策環環相扣，互為因果，對社會與國家發展具有重要的影響力，不僅涉及國家安全、社會的穩定，更關係到經濟的發展。大致說來，可以 1970 年代前後作一分水嶺。在 1970 年代之前，義大利剛擺脫戰敗的陰霾，外交上唯美國馬首是瞻。希望經由美國的援助，獲得經援，進而重振國家聲望。1970 年代後，義大利政經逐漸穩定，試圖擺脫先前對美國的依附，外交上追求「現實主義」以及「權力均衡」，致力提高國家的國際地位，爭取大國的聲響，對國際事務表現出主動的精神，以緩和緊張局勢為優先，支持裁軍，主張反戰。但由於義大利政黨政治為多元組合，政局不穩定，導致外交政策只能採取消極態度，不僅拘謹，而且缺乏連貫性。

　　大致說來，其外交政策以北約為優先，其次是歐盟，再來是第三世界。

第一節　與北大西洋公約國的關係

　　二戰之後在美國杜魯門總統的推動下，「北大西洋公約組織」（North Atlantic Treaty Organization，簡稱 NATO）於 1949 年 4 月組成，

有美國、加拿大、英國、比利時、義大利、法國、荷蘭、盧森堡、冰島、丹麥、挪威、葡萄牙等國參加，隨後土耳其、希臘、西德、西班牙等國加入，目的在阻止蘇聯對外擴張。根據條約，「各國同意當歐洲或北美簽約任何一國家遭受他國用武器攻擊，即表示對全體攻擊」。美國並據此對北大西洋公約會員國提供軍費援助。蘇聯為了與北大西洋公約組織抗衡，也在 1955 年 3 月組成華沙公約組織 (Warsaw Treaty Organization)，有蘇聯、捷克斯洛伐克共和國、阿爾巴尼亞、保加利亞、東德、匈牙利、波蘭和羅馬尼亞等國參加，蘇聯在各會員國派軍駐防。這兩個組織是冷戰時期的權力槓桿，其勢力的消長決定了世局的安穩。

義大利與北約的關係建立在如何透過美國的幫助，重建義大利的國際地位。北約是二次大戰後由美國維持國際秩序的主要依據，對北約國家援助不遺餘力。義大利深知個中微妙，因此不僅讓義大利軍隊參加北約行動，並且支持北約的外交決策，提供基地，將國防和戰略地位置於北約的規範與要求之下。儘管在經濟或軍事方面，義大利的實力有限，但執政黨卻希望藉此來提升義大利的影響力，卻也因此導致義大利的外交喪失了自主性與獨立性。當北約要求義大利配合行動時，就不能不做出讓步，而無法堅持自己的經濟、政治和軍事立場。換言之，北約剝奪了義大利在國際事務中應有的獨立自主性、靈活性和機動性，甚至將義大利捲入軍備競賽和國際危機之中。

義大利參加北約多半是基於商業性的考量，希望在大西洋集團中以最小的成本獲得最大的利潤，同時也兼顧內在的考量，保護內部的社會結構不受到威脅，企望在經濟方面獲得改善，從北約獲得實際物質利益。執政者藉北約的「反共」來鞏固內部的安定，為義大利軍火工業帶來重大利益。

北約的強勢作為，引起義大利各黨的不同反應，左派及國內輿論要求政府擺脫「冷戰」的枷鎖，尋求獨立自主和多元化的外交措施。在民意的壓力下，有人提出「新大西洋主義」概念。他們試圖對義大利加入北約有關的義務提出「新解釋」，將北約從純軍事性質，擴大為

政治與經濟的合作，認為北約的任務是緩和緊張局勢，這種傾向獨立自主的外交路線，可以由義大利總統格隆基於 1956 年赴美訪問，發表演說，對新大西洋主義所作的詮釋得知一二。格隆基指出「可以考慮對歐洲經濟合作組織、歐洲煤鋼共同體、歐洲經濟共同體和歐洲委員會進行更好的協調，從政治方面朝社會、經濟方面發展」。

由於義大利置身北約與新大西洋主義的矛盾之中，無法擺脫對美國的依賴，因此新大西洋主義只聞其聲，不見其人。1970 及 1980 年代，北約仍是義大利外交方針的主要依據。儘管在某些方面態度有所不同，但北約仍指導了其外交的方針。例如，義大利就支持北約理事國布魯塞爾會議關於在西歐領土部署美國潘興 II 中程導彈和巡弋導彈的決議。義大利政府並在參、眾院外交委員會，為部署一百一十二枚針對蘇聯的飛彈辯護，要將義大利的軍事力量提升到「先進的水平」。此舉增加了義大利面臨核子危機的可能，局勢更趨緊張。天主教民主黨的策略是努力在這種可能危及義大利安全的國際情勢中，將北約的活動限制在條約所規定的地理範圍內，排除歐洲以外發生衝突的地區，特別是中東地區，讓義大利的外交有更多自主的空間。

第二節　與歐市和歐盟的關係

義大利政府一直面對重視歐市或北約的抉擇，北約是義大利生存的要件，歐市則是義大利存在的現實。義大利私下以歐市為重，但官方的態度是保持對歐市與北約等距。義大利重視歐市除了尋求「政治穩定」外，還有對美國的「保護」有一種不確定感。執政黨視歐市為鞏固義大利國家及世界地位的跳腳板。

從加入歐洲煤鋼共同體，和西歐國家結盟後，義大利即積極與歐洲伙伴合作，支持歐盟方案。1970 年代以前，在歐市各國中，義大利無論是在經濟實力、人口數量、工業總產量、電力、鋼產量、機器製造業、造船工業、對外貿易總額方面，一直落後德國及法國，佔第三

位。儘管如此，義大利仍積極以國內廉價勞動力，改變其經濟地位，增加國力。結果出現兩極化的發展，某些產業如農業、礦業開採、輕工業和機器製造業，由於結構性限制，無法與其他國家競爭，呈現萎縮；另一些產業，具一定科技水準，利用廉價勞動力，提升其競爭力。大致說來義大利加入歐市確實為國家帶來競爭力，成為發展國家。至 1970 到 1980 年代，已與法國、德國、英國一樣成為歐市的支柱。義大利試圖將歐市的地位由經濟層面提升到軍事及政治層面，但在現實的環境及美國的強力干預之下，未能成功。當南歐國家加入歐洲共同體之後，義大利想透過其在南方的地位，發揮影響力，實現共同體內平衡，提高其在共同體內的地位。

第三節　與發展中國家的關係

所謂發展中國家是指非洲、亞洲和拉丁美洲地區的國家。義大利長期以來即關注對非洲的殖民，以及對亞洲的興趣，也對一些曾經是英、荷的殖民地加強經濟攻勢，對拉丁美洲擴大投資，提高金融的獨佔性。二次世界大戰後則以「地中海政策」為首要目標，試圖在地中海地區建立軍事政治集團，不僅作為北約附屬中的一員，並設法讓義大利發揮主導作用。基於現實利害，這種企圖只存在義大利的某些政治理想之中，無法完全落實。因此義大利的「地中海政策」只是恢復義大利向地中海東岸和南岸，包括近東國家和北非的經濟和政治擴張。

義大利的「地中海政策」與它對歐洲共同體和北約的政策不同，原則上不採用「殖民」手段，不站在北約的立場來面對這些國家，而是以一種「善意」的態度，對待非洲和亞洲國家，給人一種完全不同於美國、英國、法國、葡萄牙和其他西歐國家的策略。例如在以色列與阿拉伯國家發生衝突時，採取一種與其他歐洲國家不同的立場，讓阿拉伯國家對它產生某種期待。在 1979 至 1981 年美國與伊朗衝突時，採取彈性立場。在以色列攻打黎巴嫩時，表明與西方國家的細微差別。

「地中海政策」不可避免的和西歐及美國的利益有衝突，但西方國家鑑於義大利在地中海的影響力，只能默許它的意圖。1956年義大利總統格隆基在訪美時就表示，在近東均勢未遭破壞，以及與地中海國家還不需要作最後妥協的情形下，義大利必須對這個地區發揮穩定性作用，對共同防禦發揮平衡作用。

義大利外交部長瑪爾蒂諾在1958年曾在〈為了自由與和平〉一文中指出，「地中海是我們家所在之處」。1980年代更以美國與伊朗衝突必須將部隊調往波斯灣為藉口，要求義大利加強海上實力。而美國及西歐國家在新國際緊張關係中，也希望藉助義大利來強化北約組織的力量。美國國際問題專家認為，當美國與阿拉伯國家仇恨升高時，義大利可以扮演傳話的角色，因為阿拉伯人會接受義大利的言論。因此「義大利可以在這個地方代表西方，讓阿拉伯人及非洲人了解西方人的理念與目標以及他們本身的利益。義大利在防止地中海地區落入蘇聯手中將發揮重要的作用」。

義大利對非洲、亞洲、拉丁美洲的外交政策係以經濟為主，政府制定政策協助私人企業，協調私人公司制定統一計畫，透過外貿部和外交部提供保護，並派人至這些地區國家訪問，鞏固在當地的影響力。經由經濟的擴張，義大利在非洲及近東地區獲得較英、美更為有利的地位。至於拉丁美洲地區，義大利利用當地不滿美國的心理，擴張自己的利益，採用靈活手段和善於克服困難的本領，獲得好處。在不得罪美國的前提之下，義大利扮演了民間「調解人」的角色。

第四節　與蘇聯集團的關係

義大利與蘇聯的關係建立在緩和世局的緊張與衝突之上。儘管義大利為北約與歐市的一員，無法擺脫成員的責任，但基於其特殊的地位以及國內的政爭，與蘇聯的關係不僅衝擊其國內的安定，也影響其國際的地位。冷戰期間義大利仰賴美國得以復原，因此與蘇聯的關係

較為緊張。1960 年代之後隨著國際情勢轉趨和緩，義大利與蘇聯的關係也邁向和解。

在義大利與蘇聯關係的建構中，國內黨派的歧見並未消除，天主教民主黨主張對社會主義國家採較機動、靈活、獨立的作法；自由黨則反對同社會主義國家建立關係；社會民主黨與共和黨也要求重新評估對蘇聯的態度；梵蒂岡的教宗約翰二十三世發表《世界和平》小冊子，明確表示天主教和所有天主教會應促進世界局勢和緩，不再忽視社會主義國家在世界事務的影響力，加強了梵蒂岡現實主義的立場，使得義大利與蘇聯的關係可以有進一步的發展。

1960 年 2 月義大利總統格隆基訪問蘇聯，並與蘇聯領導舉行會談，2 月 9 日在莫斯科簽署了《義蘇公報》，確認兩國政府實現和平以及為兩國人民的社會經濟進步努力的決心，排除以戰爭作為解決國際爭端的手段，強調不干涉其他國家內部事務。義、蘇的經濟關係隨著政治對話獲得推展，貿易量增加，1971 年雙方的交易金額近五億盧布，義大利成為蘇聯在西方的主要貿易伙伴之一。1972 年 10 月義大利總理安德雷奧蒂訪問莫斯科，10 月 26 日兩國簽署備忘錄，要求擴大和加強政治對話，推進雙邊關係與合作，鞏固和平，改善國際局勢，致力裁軍，促進歐洲安全，因此兩國應經常舉行對話，緩和歐洲和世界的緊張局勢。雙方並認為在遵守邊界不可被侵犯、不干涉內部事務、平等、獨立、拒絕使用武力威脅的原則下，加強歐洲安全。義大利總統萊奧尼於 1975 年訪蘇，11 月 20 日簽署了聯合宣言，要促使每一個國家確立和平獨立發展的信心，防止危機局勢的發生。1980 年代之後，義、蘇關係就在穩定的基礎上發展。

第五節 近代外交

二十世紀末以來義大利外交走親美路線，以加強國際地位為訴求。首先表現在 1996 年 1 月的阿爾巴尼亞問題。這個位於義大利東邊，歐洲最貧窮的國家，由於內部動亂，成千上萬移民湧往義大利，造成嚴重問題。普羅迪政府團結國內不同意見，發動歐洲聯軍進入阿爾巴尼亞，維持秩序，阻止移民風潮，並提供人道救濟。此舉儘管遭到國內部分人士反對，但卻使得阿爾巴尼亞政權得以和平轉移，義大利軍未有重大犧牲，歐洲軍隊於 1997 年 8 月安全撤出。義大利此舉獲得美國總統柯林頓的感激。

其次是科索沃 (Kosovo) 事件，這個原為南斯拉夫一省於 1999 年成為國際事件，義大利允許美國軍機利用其空軍基地轟炸南斯拉夫，義大利空軍也加入行動行列。

貝魯斯科尼就任義大利總理後，更加親美，除了推崇之外，並感激美國在二次大戰所提供的援助，還強調他與布希總統的友誼。2001 年美國發生九一一事件，雙子星大廈遭恐怖分子攻擊，義大利人民同情美國者日增。對一個具天主教傳統及共產主義信念的反資本主義國家而言，這種情形並非易事。義大利政府決定支持美國進軍阿富汗，提供流亡的阿富汗國王至羅馬居留。在貝魯斯科尼任內，義大利派軍至阿富汗與塔利班 (Taliban) 作戰，並參加搜捕賓拉登 (Osama bin Laden)。美國攻打伊拉克後，義大利反戰情緒高漲，但貝魯斯科尼仍然支持美國，此舉導致義大利與歐洲，特別是法國與德國的關係陷入緊張。貝魯斯科尼希望藉此提高義大利的國際地位，2003 年 2 月他前往美國與布希會談，以後又到英國會晤首相布萊爾，再前往俄羅斯，勸請普丁 (Vladimir Putin) 總統支持攻打伊拉克行動。義大利的外交是否因此能有所改善，正考驗著執政當局與人民之間的互動。

小　結

　　戰後義大利由於地理之便，成為美、蘇兩強爭取的對象。地中海的戰略價值是西歐國家東進，蘇聯集團南下，美國人前進歐洲的門戶，不僅成了兵家必爭之地，也提供了義大利外交的揮灑空間與表演舞臺。義大利政治人物有鑑於此，展開馬基維利的「圖強」精神，左右逢迎，在北約、歐盟、東歐集團中謀一生途。

　　俗話說，弱國無外交，其實不然，弱國所缺的是國力而不是外交。義大利外交縱橫捭闔，周旋大國之間，游刃有餘，顯現了義大利外交的藝術，也提供弱國外交學習的榜樣。

第十章
藝文時尚

　　義大利是一個藝文資產豐富的國家，特別是文藝復興時期重視個
性與才華的歷史遺產，影響義大利人善於表現「個性」，促使義大利人
在文藝方面人才輩出，成就傲人。其中最為人津津樂道的是哲學、歌
劇、電影、品牌服飾。

第一節　哲　學

　　義大利哲學雖不若英國、法國、德國、美國人才輩出，學派林立，
但仍有其重要性，其中，克羅齊、金蒂萊（Giovanni Gentile，1875～
1944 年）、葛蘭西等三人最具代表性。

　　克羅齊於 1866 年 2 月 25 日生於阿圭拉省佩斯卡塞洛里。在羅馬
大學讀書時研究馬克思主義，但並未接受馬克思主義。以後在那不勒
斯受黑格爾學派影響，建構了哲學體系。1903 至 1923 年期間與另一
位新黑格爾主義的學者金蒂萊共同編輯《評論》雜誌，被歸類為資產
階級自由派。1910 年當選為參議員，1920 至 1921 年任教育部長。1925
年發表反對金蒂萊的《法西斯知識分子宣言》抗議書，退出政界。墨
索里尼當政和德國佔領時期，持反法西斯立場。1944 年擔任過部長，

1952 年 11 月 20 日在那不勒斯逝世。主要哲學著作有《精神哲學》(四卷，1927～1932 年) 和《哲學論叢》(十四卷，1922～1952 年)。

克羅齊的哲學被視為精神哲學，他認為自然科學並不存在，只有精神哲學才具有價值和意義。精神哲學就是歷史哲學，除了精神，沒有任何其他現實東西，除了精神哲學，沒有任何其他哲學。精神可以分為理論活動和實踐活動，前者以直覺 (藝術) 與理智 (邏輯) 為主，後者以經濟和倫理為主。他將精神發展分為兩個階段，美是精神發展的第一階段，以自發的直覺把握具體東西，追求個別東西，以功利為目的。理智是第二階段，以直覺為前提，以邏輯形式把握普遍東西，以精神為宗旨。在實踐活動中雖然存在著無道德的經濟行為，但決不存在無經濟意義的道德行為。克羅齊以精神變化形式完成其歷史的系統，強調哲學就是對體現普遍精神並日趨完善的歷史進行歷史編纂學的研究。克羅齊的哲學方法是用「差異」代替「對立」，否定鬥爭和轉化，用「循環」代替「發展」。

克羅齊在西方哲學的地位來自他對美學的建樹，被視為十九世紀美學的先聲。其理論與康德的古典美學不同，主張美學是以直覺為出發點，是一種藝術。藝術不是「物理事實」，不是功利或經濟活動，不是快感，不是道德行為，既非科學，也非哲學，不是被動的感受，而是獨立自主的創造物。直覺靠表現，成功的表現就是美。藝術家的靈感是藝術品的關鍵。語言是藝術，語言學即是美學，它是精神活動的產物，這種直覺、表現、語言的方式對現代西方美學產生深遠的影響。

克羅齊對歷史有其獨到的見解，在史學上引起爭論。他將歷史視為精神哲學的終點，這種建立在唯心論的史觀，是將歷史放在普遍的歷史公式之中，用普遍性的概念說明個別的歷史事件。他認為，歷史是思想、是判斷，不是僵死的，也不是過去的，真正的歷史必須與現實生活相聯繫，是活生生的當代史。他的名言是，歷史的過程不是由惡向善，而是由善向更善。

金蒂萊是新黑格爾主義哲學家，法西斯主義政治活動家，畢業於

比薩大學，擔任過那不勒斯大學講師、巴勒摩大學教授、比薩高等師範學院教授、羅馬大學教授。1922 年任墨索里尼政府公共教育部長，1924 年任國立法西斯文化研究院院長，墨索里尼倒臺後即隱退。1944 年 4 月 15 日在佛羅倫斯遭義大利共產黨處決。金蒂萊曾與克羅齊共同編輯《評論》雜誌，此外還主編過《義大利哲學評論雜誌》。主要著作有《作為純粹行動的思想行動》（1912 年）、《作為純粹行動的精神的一般理論》（1916 年）、《作為認識論的邏輯體系》（二卷，1921～1923 年）、《哲學導論》（1933 年）等。

金蒂萊的哲學被視為行動哲學。他認為意識是世界的唯一本源，先驗自我包括一切存在、生命、文化領域和意識形式，主體和客體是自我的一部分，兩者只能在意識的活動中，而不是在客觀實體中統一。自然是精神的他在，也是精神努力克服的材料，自然本身就是精神。他認為，藝術是主觀的，宗教是客觀的，兩者對立，但可透過哲學結合。哲學是國家精神的最高體現，個人完全從屬於這個國家整體，並溶化於它的政治歷史中。

葛蘭西是共產黨創始人，也是馬克思主義理論家。生長在公務員家庭，於杜林大學就學時，積極參加革命活動，1913 年加入義大利社會黨。1921 年和陶里亞蒂 (Palmiro Togliatti) 共同創立義大利共產黨，1924 年擔任義大利共產黨議員和總書記。1926 年 11 月遭法西斯分子逮捕，1926 年被判刑入獄，著有《獄中札記》(Lettere dal Carcere) 七卷。

葛蘭西的理論研究範圍廣泛，包括哲學、歷史、文學史、美學、社會學、政治經濟學等。他對馬克思思想有深入的研究與探討，重視馬克思的批判精神，認為馬克思主義是全面的、完整的世界觀，在人類思想史上首次將解釋世界與改造世界結合起來，將理論與實踐、哲學與政治、先進的思想與人民的利益統一起來。他認為馬克思主義哲學是一種「實踐哲學」，將物質和精神、人和自然都統一在實踐之中。經由對馬克思的了解，重視歷史唯物主義問題，強調人民群眾是歷史進步的推動者，意識形態的歷史是人民群眾從自發性走向自覺性的歷

史。在分析經濟基礎和上層建築的相互關係時，強調知識分子的作用，主張工人階級和知識分子應達成一致。葛蘭西的著作對於培養義大利的馬克思主義哲學家和歷史學家產生重要作用，對義大利的工人運動和國際共產主義運動都具有重要意義。

第二節　歌　劇

　　義大利可以說是西方歌劇藝術和美聲音樂的發源地。1637 年在威尼斯出現了歐洲第一個開放給民眾觀賞的歌劇院──聖・卡西加諾劇院。從此這個融合音樂、戲劇、舞蹈、美術、歌唱於一體的綜合藝術，成為義大利文化的指標。義大利每一座城市都擁有令當地人驕傲的歌劇院，一般人在追溯歌劇時，將佛羅倫斯的幕間劇 (intermedii) 及其他歌唱、跳舞和靜態表演等一連串戲劇化場面的婚禮、娛樂表演視為最早的起源。米蘭的斯卡拉歌劇院（Milan's La Scala）是義大利最具代表性的一座劇院，其歷史就是義大利的歌劇發展史。建於 1778 年，至十九世紀上半葉，即成為歐洲聞名的歌劇院，它不僅是歌劇藝術中心，同時也是社會、文化與政治中心。它經歷了奧地利國王約瑟夫二世的加冕典禮、拿破崙自封為義大利皇帝的加冕典禮，並舉辦了令人難忘的歌劇演出。1830 年代四十部歌劇在此舉行首演。到了二十世紀，劇院進行了一系列的改革，要求演出時熄滅場內燈光、嚴禁在包廂內吃喝、遲到不准入場、豐富演出內容，確立了義大利的歌劇演出模式。二次大戰期間，曾受到嚴重破壞，1948 年整修後重新開放。今天，在斯卡拉歌劇院右側的斯卡拉歌劇院博物館，展有大量的著名藝術家劇照、道具、作曲家手稿、畫像、音樂大師的唱片、劇裝和圖文資料，向世人介紹歌劇的歷史與發展。斯卡拉歌劇院目前每年演出的時間約十個月，受到藝文界的重視，是義大利的傲人成就之所在。

　　在義大利歌劇院中排行第二的歌劇院是在那不勒斯的森卡羅 (San Carlo)，建於 1816 年，享有「演唱家劇院」（singer's theatre）美

圖 43：斯卡拉歌劇院

名。此外在佛羅倫斯及羅馬也有許多大型歌劇院。

　　歌劇的魅力在曲目的撰寫與指揮和歌手的表演。在義大利歷史中首位真正從事歌劇創作的作曲家為蒙特維第 (Claudio Monteverdi)，主要的作品是「晚禱曲」。其次具有代表性的有韋瓦第 (Antonio Vivaldi)，他的作品「四季」是最暢銷的古典作品之一。羅西尼 (Gioachino Rossini)以喜歌劇見長。威爾第 (Giuseppe Verdi) 代表作為「弄臣」及「阿伊達」。浦契尼 (Giacomo Puccini) 代表作為「波西米亞人」、「西部女郎」、「杜蘭朵公主」。

　　指揮是樂隊的靈魂，一位傑出的指揮大師不僅要具備高深的音樂修養、高超的音樂記憶力、豐富的經驗，還要是一位多才多藝的人。在眾多的指揮家中托斯卡尼尼 (Arturo Toscanini) 備受推崇。這位 1867年出生的義大利名指揮家，從 1886 年登臺至 1954 年告別舞臺，歷時六十八年的演出，被公認為是二十世紀最偉大的指揮家。他是二十世紀客觀現實主義指揮藝術的開拓者，德國報紙曾讚譽他為指揮界的真正國王，是一位神話式的人物。托斯卡尼尼的指揮具熱情、純樸、嚴謹、精緻魅力，能將樂師、演員與觀眾結合在一起。一生指揮、錄製大量的歌劇與交響樂，曲目廣泛，最大的特色是融合了戲劇中強烈與

圖 44：歌劇演唱家帕華洛帝演唱之神情

溫柔的衝突部分，將不同感情的樂段結合起來。義大利人懷念他，將他視為世界文明史上最光輝的一頁。

在義大利歌劇界被譽為最璀璨的明星是卡魯索 (Enrico Caruso)，美國《華盛頓郵報》曾評論他是「千年來最偉大的歌唱家」。1873 年出生於貧窮的工人家庭，從小愛好音樂，憑其甜美音色，豐富情感，立即嶄露頭角。二十多年的舞臺生涯，共演唱了五十多部歌劇，他的歌聲透過留聲機的傳播，廣泛流傳，並成為模仿的楷模。繼他之後則有帕華洛帝 (Luciano Pavarotti)，其與卡列拉斯 (Carreras)、多明哥 (Domingo) 並列三大男高音，風靡全球，所到之處萬人聆聽。

第三節 電 影

提及電影，一般人印象中首先浮現的是美國的好萊塢，其次就是義大利的影展，它在藝文界享有一定的聲響。第二次世界大戰之後，義大利電影界新人輩出，大膽表現，使得義大利電影受到全球各地觀

眾歡迎。義大利電影具有寫實主義及歷史敘述兩大風格。主題有二，一是歷史作品，二是男女私情。由於義大利擁有豐富的歷史遺產，拍攝電影時場景即實景，尤其是歷史劇情，其他國家望其項背。至於男女私情的戲則與義大利人的個性有關。由於片場即現場，演來特別真實。

1905 年阿爾伯里尼 (Filoteo Alberini) 導演的「攻陷羅馬」(*La Presa di Roma*)，被視為義大利電影誕生的年代。當歐美國家熱衷舞臺劇，將電影視為低級娛樂 (low entertainment) 時，義大利的製片商則是出身飽學的貴族，拍攝「有想法的影片」(cerebral cinema)。當西方國家將電影看作娛人的小說，採用人工佈景拍攝時，義大利人已聘雇優秀的設計師，搭建全景，透過電影來傳達生命的意義。義大利早期的電影在貴族的支持之下，水準較高。

二十世紀初義大利出現了三位重要的導演，喚醒了國家主義情操及古羅馬的尚武精神，對義大利電影產生重大的影響。第一位是維斯康蒂 (Luchino Visconti)，第二位是古阿佐尼 (Enrico Giuseppe Giovanni)，第三位是佛斯卡 (Piero Fosca)。至法西斯掌權後義大利電影發展受到重創。墨索里尼設立了幾個管理電影工業的機構，在文化部設 Direzione Generale per la Cinematografia 管理影片製作，勞工銀行 (Banco del Lavoro) 負責審核合乎政治要求影片的獎助，任何導演理念獲得認同即可以獲得政府 60% 的補助。此外外國電影輸入部門 (National Body for Importation of Foreign Films) 決定那些影片得以進口，並要求義大利配音，這些決定使得義大利電影喪失了競爭力。

1950 年義大利電影進入新寫實主義時代 (Neo-realism)，從多層次、多面向角度拍攝電影。新寫實主義者自由自在地觀察周遭一切，以新鮮、好奇的眼光接觸人事景物，尋找自己的國家。此時電影界充滿活力，許多名導演問世，較著名的有羅塞里尼 (Roberto Rossellini)、德·西卡 (Vittorio De Sica) 及維斯康蒂等。羅塞里尼以「不設防城市」(*Open City*) 一片開啟新寫實的電影路線。此片係真人真事改編，敘述德軍佔領下的羅馬，反抗德軍的故事，感人至深，1946 年在坎城影展

圖 45：羅馬新寫實影片「不設防城市」之劇照

(Cannes Film Festival) 獲獎。德·西卡的影片於 1943 年開始受重視，拍攝主題多半關於戰後義大利的社會、經濟問題。「昨天、今天、明天」(*Yesterday, Today and Tomorrow*) 及「芬吉康提尼的花園」(*The Garden of the Finzi-Contini*) 獲奧斯卡獎。維斯康蒂拍攝電影以描述義大利農村破產，農民流浪城市生活的情形為主。新寫實電影在海外的影響力大於本國，特別在美國的好萊塢，迄今依然。

1950 年代之後義大利電影界以費里尼 (Federico Fellini) 的作品最具代表性，突顯了人的搖擺性，徇私的還是大公的，被人嫌惡的還是受人喜歡的。他認為電影是「天真與經驗的結合」(marriage of innocence and experience)，是幻想的與現實的，亮麗的與嘲諷的，好玩的與悲哀的組合。主要代表作中「卡貝里亞之夜」(*The Nights of Cabiria*) 及「大路」(*La Strada*) 獲奧斯卡最佳外國影片獎。

1960 年代之後義大利影片從藝術層面朝喜劇方向發展，1970 年代多半專注探討現代人生活的疏離感，1980 年代起受到青年學生運動以及青年馬克思運動影響，開始模仿好萊塢動作片。近年來在電視網的競爭之下，電影開始與其他國家合作，儘管經營日益困難，但由於豐富的歷史遺產以及美麗的山河風光，使得義大利電影仍有賣點，這是

其他國家無法相比之處。

　　現代人對義大利電影的肯定，除了其獨特的電影風格之外，威尼斯影展也扮演了重要的角色。威尼斯影展是國際七大影展之一，是世界各國優秀影片的櫥窗，也是唯一可以讓美國好萊塢重視的影展。1932年在威尼斯誕生，目的在獎勵好萊塢獎項以外的優秀影片，最初稱為國際電影藝術展覽，不久發展為影展。原為每兩年舉辦一次，1935年起改為每年舉辦一次，同時設立評選委員會。1942年法西斯政權舉辦最後一次後停了四年，1946年恢復，但並未引起重視，直到1949年設立了國際獎才再度獲得關注。1950年代是威尼斯影展的黃金時期，各國皆有參展。1970年代因國內政治紛爭，一度式微，1980年代再度復興。如今定位在展示電影藝術，不強調世俗明星，也不重視娛樂效果，重視影片的品質，講求創新與魅力。

第四節　時　尚

　　義大利的時尚與法國一樣，執世界牛耳地位。與法國不同的是，法國的時尚源自路易十四時代的「宮廷」需求，追求奢華，而義大利源自文藝復興時期及商業社會的「時髦」，追求「個性」，因此義大利時尚表現出個人主義風格及普及性的一面，從飲食、穿著、交通工具、家具、擺設及日常生活用品，皆多姿多彩，特別在穿著方面，1980年代義大利的服裝業是全球第三大生產國，產值高達兩百億美元，大多數產品外銷，成為全球最大輸出國。

　　義大利人穿著，不在乎個人喜好，而在乎是否適合。義大利時尚界有一句話，「亞曼尼 (Armani)、凡賽斯 (Versace) 是今日的米開朗基羅，是義大利的夢」。義大利品牌舉世有名，如范倫鐵諾 (Valentino) 的服裝、古奇 (Gucci) 的鞋子、比雅久 (Piaggio) 的小型摩托車、飛雅特的法拉利 (Ferrari) 汽車、芬迪 (Fendi) 的毛衣。至二十世紀末，義大利每年服飾的產值近一百億里拉，佔全球總額的 14%，其中有十幾種產

圖 46：義大利時尚：亞曼尼服飾、范倫鐵諾服飾、
古奇皮鞋、比雅久摩托車、飛雅特汽車

品如毛衣、領帶、眼鏡等佔世界首位。義大利的時裝在世界各地受到歡迎，分析其內容發現，以品牌形象、款式最受矚目，代表了高尚與流行，也顯示了義大利人的獨特天性。「走自己的路」使得義大利成為一個名牌國家，超越其他的競爭者。儘管許多國家試圖超越義大利的時裝文化，但仍無法趕上。

　　義大利的時裝在一次大戰期間出現重大改變，特別是對女裝的再思考。戰爭期間，女性從軍，露出小腿，改變了戰後服裝的形象由傳統保守易為簡潔俐落。二次大戰之際法西斯主義給義大利的服裝帶來更大的改變，由於愛國心的激勵，「擺脫巴黎」成為義大利時裝的重點，在穿本國禮服，選用本國貨的號召之下，義大利人仿效文藝復興的美女來打扮自己。二次世界大戰結束後，儘管巴黎仍是時尚的先驅，但義大利時尚界開始追求自己的方向，建立本身的風格。1951 年 2 月 21日可被視為義大利現代服裝史的里程碑。在佛羅倫斯喬爾基尼豪華別墅，舉辦了第一場真正的義大利風格時裝展示表演，演出成功，獲得熱烈回響。米蘭被視為「時尚的麥加」(fashion Mecca)，代表「義大利外觀」，每年都舉辦重要的展示會，不乏國際知名人士前來與會。1950年代板型的樣衣出現，使得服裝由個別的製作發展為成衣。1960 年代在大眾文化的衝擊之下，義大利的設計從貴族氣息中走向平民化，表面的豪華與賣弄被簡潔明快、舒適方便取代。受美國普普藝術 (Pop Art) 影響，義大利的服裝設計走向前衛的幻覺系列。由於追求經濟效益，面對市場需求，時裝與現代工業文明結合，高級精品時裝店出現，他們將以前專屬上流社會婦女量身定做的高級時裝，進行小批量生產，為義大利的時裝開闢了第三條路。

　　1960 年代義大利時裝界出現了新的指標人物——時裝設計師，他們不是高級裁縫師，也不是公司的領導，而是市場需求激勵之下出現的服飾「中樞神經」❶，他們的設計新潮又符合大批消費群體。不僅設計服裝，同時還創造媒體形象，將時尚與社會與文化特色結合在一起。1960 年代末期青年文化時興，年輕人不願再將衣服的選擇權交給

❶田時綱，《悠遠與凝煉：二十世紀義大利文化》（北京：東方出版社，1999），頁 231。

父母，他們追求自由、標新立異，為義大利時裝業帶來龐大市場。米蘭出現了一間擺滿古怪時裝，名為「東西」(Cose) 的青年時裝店。之後又出現一家名為「另類東西」(Alter Cose) 的專賣店，店內有著新潮的佈置、震耳欲聾的音響、古怪的擺設，如將衣服塞進圓筒裡，機械地從天花板上垂吊下來。這種將音樂與時裝及擺設結合的商店，成為青年人的「聖殿」，是義大利服裝史的重要一頁。

1970 年代成衣業取代了原來的高級時裝而成為主體，時尚設計師開始走向歷史大舞臺，成為時尚潮流的領航人。從此設計師與企業合作，也就是在服裝上除了品牌之外還有設計師的名字。在企業的合作下，一個接一個設計師以他們的品牌相繼成名。服裝設計師名字與服裝本身聯繫在一起，是 1970 年代的創舉。在這十年之中，除了米蘭與佛羅倫斯之外，羅馬的地位崛起，也以高級時裝為主。

1980 年代義大利時裝發展達到空前繁榮，女裝產量躍升三倍，從業人員大幅增加，設計是市場需求的主力，時裝不再是單純的物質產品，而是社會文化的一種表現。設計師與企業合作密切，地位看漲，成為時裝界的「上帝」。1980 年代開始，服裝品牌越來越成為人們展現個人的地位與經濟能力的象徵，成衣也有了階級性的差異。在市場需求的驅使下，除了服裝，其他商品如家具、地毯、廚具、文具、手錶、床飾品等都強調品牌的價值，代表的意義就好像過去貴族的徽章，顯示消費者的身分與地位。時尚界提出新的形象設計名詞 Look，反映了當代新的哲學觀、審美觀，強調視覺形象，擺脫相似的日常俗套、信仰單一的大眾化，每一個人可以經

此展現個人的形象魅力。這種新思維注重體型與服裝，導致節食、按摩、健身操及各種美容的盛行，時裝成為人們盡情表露感情的工具。

1990 年代，義大利面對經濟不景氣的衝擊，服裝界改弦易轍，由量為質，企業家不斷注意在世界各地的精品時裝店，並提高產品的質量，包括設計、工藝、經營手段與宣傳，創造「精品」特色，保持領導地位。

義大利品牌在今天代表流行時尚及最高品質，顯示出義大利民族的文化傳統以及義大利人的創造力。時裝代表義大利人社會文化與美學藝術的結合、設計師的個人風格，它不只是產品，更是民族的精神，承繼羅馬政治胸襟、文藝復興人文精神，以一種文化開放氣質和經濟務實觀念所建立起的義大利文化。

小　結

儘管時不我予，義大利在世界的政治地位重要性不再，但歷史的庇蔭、文化的遺產，替它開創了另一條生路，展現了義大利生機。

義大利哲學、電影、歌劇、時尚，成為本世紀的前衛。在這個全球化、個性化的時代，義大利的文藝與時尚不僅引領風騷，更帶動流行。與法國奢華的風尚不同，義大利才子佳人的設計風靡各地，是富人的愛好，也是凡人的追逐；它述說了義大利人的夢，也體現了義大利人的情。

第十一章
結　論

　　歷史是一種「書寫」，記載的是「存在」，喚起對過去的記憶，喚醒對當下的察覺。過去歷史篇章所予人的印象往往是「勝敗」的「得失」，但自二十世紀下半葉，思潮進入「後現代」之後，歷史的篇章已走出「成敗」的範疇，而著重生存的多面向意義與價值。換言之，歷史不是少數成就者的驕傲，而是眾生的寫照，本文對義大利歷史的探討即基於這種認知進行。

　　從義大利地理面向觀其表現，羅馬帝國、教宗與皇帝間的聖俗紛爭、文藝復興的輝煌成就，皆為人類活動提供了令人緬懷，留下彌足珍貴的一頁。從歷史的面向來說，統一是「義大利史」的前提，統一之前，沒有「義大利國」，也沒有「義大利人」可言。統一後的義大利是一種民族意識的義大利，也是一種窄化的義大利。在世界政治舞臺上，受限地理條件與傳統包袱，未能成為執牛耳的一流大國，在書寫的文件中未受重視，尤其在臺灣的史學書籍中，幾乎忘了它的存在。這個被列為二流的國家，雖在世界舞臺上未有呼風喚雨之舉，也未有扭轉乾坤之作，但義大利之為義大利有其生存的尊嚴，也有其存在的地位與價值。作為小國，有其生存之道，它刻劃了小國的應世態度，在苦難的歲月中，培育了達觀的人生，孕育了美好的生活。本文書寫

義大利史兼顧地理與歷史兩面，由建國前的義大利，述說義大利半島上曾發生過的活動；由統一後的義大利，探討 1871 年義大利作為世界國家的角色所遭遇的困境與應世之道。

從政治面及經濟面來看，義大利被視為動盪不安、政情混亂的國家。1861 年後統一的義大利，形式大於實質，徒有國家之名，未有國家之實，主要原因在南北地理環境的差異。北方為歐陸的一部分，與歐洲國家接觸頻繁，受鄰近的法國、德國、奧國影響，經濟進步，但政治不安，特別是和法國與德國的關係，衝擊義大利政局。南方半島伸入地中海，與歐陸接觸不及與地中海密切，先後為阿拉伯人、諾曼人、法國人、西班牙人佔有，經濟較落後，造成北富南貧的現實，文化差距嚴重，影響統一的認同方向。由於地理的隔閡，義大利人地區觀念重於一切，家族是活動的重心，大半的義大利人只會說方言，不會說義大利語，也不熱心政治事務，甚至沒有參選或選舉資格。君主立憲時期，僅 2% 的成年人有權選舉，但實際參加選舉的人不到其中的 20%。至 1909 年也只有 3% 的成年人有權選舉，以後才有普遍的選舉權。至於義大利的政黨更是多元林立，儘管天主教民主黨獲得多數執政機會，但由於無法過半，只能訴諸與不同的政黨合作，因此造成分贓政治的動亂，貪汙情形嚴重，政治人物多為熟面孔。二十世紀下半葉後政府統治困難加深，1968 年學生抗議，1969 年工人暴動，都造成了政府統治的窘境。執政的天主教民主黨儘管同意學生要求，增設大學，提高工人地位，但並未化解危機，反而引起更多的團體要求改變。1973 年全球石油危機，天主教民主黨為了挽救經濟困難，求助共產黨，希望在 1976 年獲得國會的支持。此後三年在義共的合作下，與義大利社會黨組成中左政府。但 1990 年代的揭弊，讓人民對政治更趨冷漠。

在社會經濟方面，二次大戰後，情況有了轉變，一般人的生活獲得改善，飲食、住家、教育、政治都有顯著的進步，儘管趕不上德國或法國，但與其他歐陸國家相比則強多了，特別是用在教育的經費位

居其他西歐工業國家之冠。1980 年代義大利以其中小企業的精神配合廉價的勞動力，使得義大利一度創造了經濟奇蹟，但隨著工資的提高，石油危機的出現，義大利的經濟榮景曇花一現，再度面臨挑戰。

　　儘管義大利在現代國際政治中地位式微，國內政治黨派林立，經濟低迷不振，人民普遍對政治人物失望，對世局不懷抱希望，但作為現代的一分子，卻開拓了生命的另一種意義與價值。義大利人的尊嚴與驕傲無法透過政治、經濟表現與美、英、法、德相較，但卻創造了時尚與品牌的風尚，開啟了另一條生活之道。義大利的生活成為時代的流行趨勢，電影、歌劇、飲食、服裝、家具、汽車、皮包、皮鞋成為現代的時尚，世人追逐的目標之一。從現代人的生活中可以發現，英、美等強國的富豪或名人，在追求名利之餘，享受的生活方式是義大利式的，他們從義大利的食物、服飾、汽車、歌劇中獲得滿足，不禁令人質疑，究竟是義大利領導他們，還是他們領導義大利？

　　義大利的歷史是一部生命史，羅馬帝國的磅礴氣勢、基督宗教的諄諄善誘、文藝復興的動人詩篇、統一後的奮鬥掙扎、現代的無奈，以及苦中作樂的生命觀，為不幸的國度及蒼生帶來了一線曙光。義大利的驕傲不在其過去，而在未來。在生命的國度中，他們一直在創造中成長，儘管命運是坎坷的，但卻是喜悅的。義大利人認為生命的意義在於追求快樂，享受周邊的環境，保持內心的寧靜，珍惜所擁有的一切。對多元化世界朝單向名利追求的資本主義社會而言，義大利的歷史經驗給予閱讀者一個真正的多元生命意義，這或許是寫本書最大的感受。

Italy

附　錄

大事年表

488 年	東哥德討伐佔據義大利的西哥德。
554 年	東羅馬擊敗佔據義大利的東哥德。
568 年	倫巴人佔領義大利北部地區。
751 年	教宗為丕平三世加冕，開創加洛林王朝。
756 年	丕平將倫巴人佔領地獻給教宗，稱為「丕平的獻禮」。
774 年	查理曼擊敗倫巴人，領有義大利北部地區。
800 年	教宗加冕查理曼為羅馬人的皇帝。
827 年	阿拉伯人佔領西西里（827～902 年）。
843 年	法蘭克王國分列為東、西、中法蘭克王國。
962 年	奧圖一世被加冕為「羅馬皇帝」。
1076 年	教宗與神聖羅馬皇帝開啟政教權力衝突。
1139 年	諾曼人建立西西里王國，統治義大利南部。
1183 年	神聖羅馬承認倫巴城市的自治權。
1198 年	教宗對教宗地展開整頓。
1282 年	爆發西西里晚禱事件。
1309 年	教廷被法王移居法國亞威農。
1347 年	瘟疫由西西里逐漸傳至義大利其他地區。
1350 年	比薩斜塔完工。
1378 年	教宗返回羅馬，形成教會大分裂。
1417 年	重新選取教宗，統一教會。
1442 年	西班牙佔領那不勒斯。
1453 年	土耳其人攻陷君士坦丁堡。
1525 年	西班牙擊敗法國，法國喪失在義大利北部的地位。
1527 年	神聖羅馬軍隊攻陷羅馬。
1529 年	神聖羅馬與法國簽署「坎布瑞條約」。
1559 年	神聖羅馬與法國簽署「卡托─康布雷西斯條約」。
1714 年	奧國成為義大利半島的主要外國勢力。
1778 年	米蘭的斯卡拉歌劇院建成。

1805 年	拿破崙封為義大利國王。
1809 年	燒炭黨成立。
1815 年	維也納會議將威尼西亞割讓給奧國。
1831 年	馬志尼成立青年義大利黨。
1848 年	薩丁尼亞頒佈新的自由憲法。
1852 年	加富爾出任薩丁尼亞首相。
1859 年	法薩聯軍擊敗奧國，法國獲得尼斯與薩伏依。
1860 年	中部各邦要求加入薩丁尼亞。加里波底登陸西西里。
1861 年	義大利王國成立，國王為伊曼紐爾二世。
1866 年	利用普奧戰爭奪回威尼西亞。
1870 年	利用普法戰爭收復羅馬。教宗國同意與義大利合併。
1871 年	義大利遷都羅馬。
1876 年	自由左派組閣。
1878 年	義大利國王由翁貝托一世繼位。
1881 年	放寬選民資格限制。
1882 年	義大利與奧國、德國組成三國同盟。
1887 年	發動對阿比西尼亞（衣索比亞）戰爭。
1893 年	再次發動對阿比西尼亞（衣索比亞）戰爭。
1900 年	國王遭暗殺，由伊曼紐爾三世繼位。
1915 年	簽定「倫敦協定」。廢除三國同盟，向奧、土、德宣戰。
1917 年	卡波雷托之役義軍慘敗。
1918 年	義軍反攻，擊敗奧軍。
1919 年	墨索里尼在米蘭成立「戰鬥的法西斯」。
1921 年	「法西斯行動隊」組成。「國家法西斯黨」成立。
1922 年	墨索里尼組閣。
1924 年	墨索里尼利用馬泰奧蒂暗殺事件，實行獨裁統治。
1925 年	整肅西西里黑手黨。
1929 年	簽訂「拉特蘭協定」，給予教廷在梵蒂岡有自主權。

1935 年	第三次發動對衣索比亞戰爭。
1936 年	組成羅馬—柏林軸心。
1937 年	退出國際聯盟。
1939 年	義、德簽署「鋼鐵協定」。
1940 年	向同盟國宣戰。義、德、日簽訂三國同盟條約。
1943 年	墨索里尼遭解職囚禁。法西斯黨解散。德軍救出墨索里尼。
1945 年	墨索里尼被逮捕及處決。
1946 年	義大利共和國成立。
1947 年	通過共和國《憲法》。
1948 年	共和國國會開始運作。選出第一任總統。斯卡拉歌劇院整修後重新開放。
1949 年	加入「北大西洋公約組織」。
1951 年	佛羅倫斯舉辦第一場時裝展演。加入「歐洲煤鋼共同體」。
1957 年	簽署「羅馬條約」,加入「歐洲共同市場」。
1969 年	勞工罷工、遊行事件頻傳。
1978 年	天主教民主黨主席莫洛被綁架殺害。
1987 年	「大審判」判處三百多名黑手黨分子不等徒刑。
1992 年	米蘭展開「肅貪運動」。簽訂「馬斯垂克條約」。
1993 年	歐洲組織統合於「歐洲聯盟」。選舉方式調整。
1994 年	前進黨勝選,貝魯斯科尼出任總理。
1996 年	發動聯軍進入阿爾巴尼亞維持秩序。左派在地方選舉中獲勝,在大選中由普羅迪所領導的中左政府獲支持。
1998 年	左翼政府掌權,達勒馬主政。
2001 年	前進黨勝選,貝魯斯科尼再度組閣。
2002 年	歐元成為義大利官方貨幣。
2003 年	總理貝魯斯科尼訪問美、英、俄。
2003 年	最高法院駁回貝魯斯科尼有關貪瀆案的上訴。
2004 年	熱那亞成為歐洲文化首都。

2005 年　　　　教宗保祿二世逝世，本篤十六世繼任教宗。
2006 年　　　　杜林舉辦冬季奧運。

中外名詞對照表

Adriatic Sea　亞德里亞海

Aequi　挨魁人

Alaric Ⅰ　阿拉里克一世

Alberini, Filoteo　阿爾伯里尼

Albert, Charles　阿伯特

Alberti, Leon Battista　阿爾貝蒂

Alexander VI　亞歷山大六世

Alfa Romeo　愛快羅密歐

Andreotti, Giulio　古里歐‧安德歐
　提

Antony, Mark　安東尼

Apennine Mountain　亞平寧山脈

Apulia　阿布利亞

Augustulus, Romulus　羅慕路斯‧
　奧古斯都路斯

Aurelius, Marcus　馬庫斯‧奧理略

Baroque　巴洛克

Belisarius　貝里薩留

Berlusconi, Silvio　貝魯斯科尼

Black Death　黑死病

Boccaccio, Giovanni　薄伽丘

Bologna　波隆那

Byzantium　拜占庭

Caesar, Julius　凱撒

Cairoli, Benedetto　卡伊羅利

Calabria　卡拉布里亞

Caligula　卡利古拉

Camorra　卡莫拉

Campania　坎帕尼亞

Canossagang　卡諾薩請罪

Carbonari　燒炭黨

Carthage　迦太基人

Caruso, Enrico　卡魯索

Charlemagne　查理曼

Christian Democratic Party　天主教
　民主黨

Cicero, Marcus Tullius　西塞羅

Claudius　克勞狄

Cleopatra　克利歐佩拉克

Colosseum　羅馬競技場

Commodus　康茂德

Communist Refoundation Party　重
　建共產黨

Constantine Ⅰ　君士坦丁一世

Constantinople　君士坦丁堡

Corce, Benedetto　克羅齊

Corsica　科西嘉

Cosimo　柯西模

Count di Cavour Camillo Benso　加
　富爾

Crassus　克拉蘇

Craxi, Bettino　克拉克西

Crispi, Francesco　克里斯皮

Curcio, Renato　科西歐

Custoza　卡斯托扎

D'Alema, Massimo　達萊馬

D'Annunzio, Gabriele　鄧南遮

da Vinci, Leonardo　達文西

Dante, Alighieri　但丁

De Gasperi, Alcide　德・加斯貝里

De Nicola, Enrico　恩里科・德尼古
　拉

De Pietro, Antonio　德・彼耶特羅

De Sica, Vittorio　德・西卡

de'Medici, Piero　彼埃羅・麥第奇

Democratic Party of the Left　左翼
　民主黨

Democratic Socialists　社會民主黨

Depretis, Agostino　德普雷蒂斯

di Bondone, Giotto　喬托

Di Pietro, Antonio　德・彼耶特羅

Diocletian　戴克里先

Domitian　圖密善

Einaudi, Luigi　路易吉・伊諾第

Este　埃斯特

Etruscan　伊特拉斯坎人

Fellini, Federico　費里尼

Ferrara　費拉拉

Fiat　飛雅特

Florence　佛羅倫斯

Forza Italia　前進黨

Fosca, Piero　佛斯卡

Francis I　法蘭西斯

Galeazzo, Gian　莫・格拉諾

Garibaldi, Giuseppe　加里波底

Gaul　高盧人

Genoa　熱那亞

Gentile, Giovanni　金蒂萊

Gibbon, Edward　吉朋

Giolitti, Giovanni　焦利蒂

Giorgione　喬爾喬涅

Giovanni, Enrico Giuseppe　古阿佐
　尼

Gonzaga　貢薩加

Gracchus, Gaius　凱烏斯・格拉古

Gracchus, Tiberius　提比留・格拉
　古

Gramsci, Antonio　葛蘭西

Gregory I　格列哥里一世

Gregory III　格列哥里三世

Gregory VII　格列哥里七世

Guiscard, Robert　羅伯・基斯卡

Hadrian　哈德良

Honorius　荷洛盧斯

Pavarotti, Luciano　帕華洛帝

Pax Romana　羅馬和平

Pelloux, Luigi　裴盧

Pepin III　丕平三世

Perugino, Pietro　佩魯吉諾

Petacci, Claretta　克蕾塔・佩達齊

Petrarch, Francesco　佩脫拉克

Piedmont　皮埃蒙特

Pius IX　庇護九世

Pius, Antoninus　安敦尼

Plutarchus, Lucius Mestrius　普魯塔克

Pompey　龐培

Prodi, Romano　普羅迪

Puccini, Giacomo　浦契尼

Puglia　普利亞

Raphael of Urbino　拉斐爾

Red Brigades　赤軍旅

Remus　雷慕斯

Roger II　羅傑二世

Rome　羅馬

Romulus　羅慕路斯

Rossellini, Roberto　羅塞里尼

Rossini, Gioachino　羅西尼

Rudini, Marchese di　路迪尼

Sabine　薩賓人

Saint Ambrosius　聖安布羅斯

Saint Augustine　聖奧古斯丁

Saint Thomas Aquinas　聖托馬斯・阿奎那

Samnite　薩謨奈人

Sardinia　薩丁尼亞

Scholasticism　經院哲學

Schuster, Ildefonso　伊德豐索

Severus, Septimius　塞維魯

Sforza　斯福爾札

Sicilian Vespers　西西里晚禱

Solferino　索弗里諾

Stephen II　史蒂芬二世

Sulla, Lucius Cornelius　蘇拉

Tacitus　塔西圖斯

The Olive Tree　橄欖樹聯盟

Theodoric　狄奧多里克

Theodosius I　狄奧多西一世

Tiber River　臺伯河

Tiberius　提比略

Tintoretto　丁托列托

Titian　提香

Titus　提圖斯

Toscanini, Arturo　托斯卡尼尼

Trajan　圖拉真

Trieste　的里雅斯特

Turin　杜林

Tuscany　托斯卡尼

Umberto I　翁貝托一世

Umbria　翁布里亞

Umbrian　翁布里亞人

Urcei, Codri　高德里・伍爾才伊

Valens　瓦倫士

Vatican　梵蒂岡

Venetia　威尼西亞

Veneto　維內托

Venice　威尼斯

Verdi, Giuseppe　威爾第

Verona　維羅納

Vespasian　惠斯帕西安

Victor Emmanuel III　伊曼紐爾三世

Victor Emmanuel II　伊曼紐爾二世

Virgil　味吉爾

Visconi, Luchino　維斯康蒂

Visconti　維斯孔蒂

Visconti, Filippo Maria　菲利波・瑪麗亞・維斯孔蒂

Visconti, Gian Galeazzo　加萊阿佐・維斯孔蒂

Visigoth　西哥德人

Vivaldi, Antonio　韋瓦第

Volsci　伏爾西人

參考書目

中文部分

1. Christopher Duggan 著，從飛軍、張晶晶譯，《命定的分裂？意外統一的義大利》，臺北，左岸文化事業有限公司，2002。

2. David Shotter 著，許綏南譯，《羅馬共和的衰亡》，臺北：麥田出版社，1999。

3. Giorgio Bocca 著，李文田譯，《意大利共和國史話──從法西斯垮臺到現在》，北京：東方出版社，1987。

4. John Scheid、Roger Hanoune 著，黃雪霞譯，《羅馬人》，臺北：時報出版社，1999。

5. Luigi Salvatorelli 著，沈珩、祝本雄譯，《意大利簡史：從史前到當代》，北京：商務印書館，1998。

6. Tim Jepson 著，林曉琴譯，《義大利》「國家地理旅行家」，臺北：秋雨文化，2005。

7. 田時綱，《悠遠與凝煉：二十世紀義大利文化》，北京：東方出版社，1999。

8. 朱隆華，《義大利文化史》，臺北：揚智出版社，2004。

外文部分

1. A. J. Whyte. (1965) *The Evolution of Modern Italy*. New York:W. W. Norton & Company.

2. Ada Gabucci. (2002) *Ancient Rome:art, architecture and history*. The British Museum Press. Translated by T. M. Hartmann.

3. Denis Mack Smith. (1959) *Italy:a Modern History*. The University of

Michigan Press.

4. Discovery ed. (2006) *Italy*. Apa Publications GmbH & Co.

5. Douglas G. Brinkley. (2005) *Visual History of The World*. Washington D. C. National Geographic.

6. Jonathan Keates. (2003) *The Rough Guide History of Italy*. Rough Guides Ltd.

7. Palmira Brummett. (2001) *Civilization Past & Present*. Addison-Wesley Educational Publishers Inc.

8. Serge Hughes. (1968) *The Fall and Rise of Modern Italy*. Minerva Press.

9. Spencer M. Di Scala. (2004) *Italy:From Revolution to Republic, 1700 to the Present*. Westview Press.

10. *World Almanac* (2005) New York Times.

圖片出處： 13: Adam Woolfitt/Corbis; 17, 39: Reuters; 24: Bettmann/Corbis; 25, 26, 27, 33, 35, 37, 41: Getty Images; 38: AFP; 40: Origlia Franco/Corbis Sygma; 43: AP; 44: Robbie Jack/Corbis; 45: The Ronald Grant Archive

法國史——自由與浪漫的激情演繹

法國,她優雅高貴的身影總是令世人著迷,她從西歐小國逐漸成長茁壯,締造出日後舉足輕重的地位。在瑰麗的羅浮宮、不可一世的拿破崙之外,更擁有足以影響世界的歷史與文化成就。

德國史——中歐強權的起伏

由統一建國,至主導歐洲外交,甚而挑起世界大戰,在近現代的歐洲舞臺,德國絕對是凝聚焦點的主角,在一次次的蟄伏和崛起中,顯現超凡的毅力與韌性。

希臘史——歐洲文明的起源

一提起希臘,無論聯想到的是湛藍的藍天、海洋,以及點綴其間的白屋,或是璀璨的古希臘文明,和遺留至今的神殿雕塑,她永如地中海的珍珠,綻放耀眼的光彩,令人神往。

匈牙利史——一個來自於亞洲的民族

北匈奴在竇憲的追擊下,是「逃亡不知所在」?抑或成為導致蠻族入侵歐洲的「匈人」?匈牙利人是否真的是匈奴人的後裔?這一連串的問題,本書將告訴您答案。